マルチステージを謳歌する

100年時代の人生戦略

銀行員から55年の実践録

吉野 誠
YOSHINO MAKOTO

幻冬舎MC

はじめに

　大阪のターミナルで歓楽街（かんらくがい）の十三（じゅうそう）支店を皮切りに、名古屋、東京、神戸と転勤を繰り返した。東京では、いっぱいのバブルを経験し、10階建ての<u>新築店舗</u>が完成した東京の下町浅草から神戸の支店（支店長）に帰って、わたしの生活は様変わりした。隅田川に面したなじみの寿司屋、人事担当常務に思い切って理解を求め、異動が実現した。まわりは、都落ち、左遷されたと思っている。

> 浅草支店新築▶まる３年、素晴らしい業績、浅草の人を招き、盛大に披露パーティーが行われた。

◎バブルで公私ともに大活躍▶親の介護へ

　バブルの絶頂期に近づくころ、NHKの番組「金融最前線」では、わたしの名刺が突然テレビ画面に現れ、銀行本部もびっくりしたようだ。わたしは公私ともバブルで大活躍していた。そんな中、<u>自分の株や不動産も手仕舞い</u>し、妻と二人三脚、人生最大の儀式、親の介護に入ったのだ。

　わたしはワーク・ライフ・バランスに大きく舵を切った。しごととプライベートのバランスをとるライフスタイルだ。キャリアアンカー（キャリアの選択で最も重要にされている要素）は、当時、しごと優先、出世優先の時代である。銀行員の常識に反して自己実現に向けて第一歩を踏み出した。

　バブルがはじける中、しごとと親の介護の両立、目の回るような日々が10年以上続いた。「早く帰らないと親が待っている」。支店のしごとでは、関西で行員の帰りが一番早く、業績がいい店（4期連続頭取賞）として、人事部長と対談、行内誌に紹介された。「関西に帰って頑張る、帰してほしい」、人事部との約束をはたしたのだ。

◎最高の日を迎えた父、あたたかい言葉を頂いた妻

　ある日、わたしがクルマを運転して、妻が父の手を引いて、大阪・梅田に本社がある大手繊維会社の父のOB会に行った。すると、帰りに父は、最高齢の元気な参加者として、社長以下全員の見送りを受けたのだ。全員の拍手喝采だ。父の最高の日になった。妻にも皆さんから、あたたかい言葉を頂いた。妻にも励みになったと思う。

◎ほんとうの幸せを実感する

　介護時代の休日はわたしが料理をつくり、全員で食べた。父や母は「おいしい、おいしい」と食べた。アフターファイブの飲み食いが役立った。妻は聞き役に徹した。同じような内容のはなしを嫌がらずに、にっこり笑って聞いた。父は94歳、母は、その1年後、「楽しかったね、長生きしなさいね」とにっこり笑って、静かに目を閉じた。そのとき、ほんとうの幸せを実感し、感情が込み上げてきた。「幸せにはお金はいらない」と思った瞬間である。

著書『豊かに生きる』（早稲田出版、2003年）を出版した。

◎自然を満喫、挑戦する意欲がわいてくる

　神戸、六甲山の新緑がまぶしい、山が笑う季節のころ、有馬温泉に仲間と入っていると、銀行時代のいろいろなことが湯けむりとともに、走馬灯のように浮かんでくる。有馬温泉は通算1000回、関西の名門、関西学院の構内一周から県立甲山・森林公園の頂上までの早朝ウォーキングは通算3000回になる。頂上からは、高級住宅地の芦屋や西宮の街を眼下に、瀬戸内海や大阪湾が一望できる。

　自然に「いろいろなことに挑戦しよう」と意欲が湧いてくる。医学的にも温泉は温熱療法、低山の上り、下りは、若

さのホルモンを呼び起こすといわれている。長年、休養していた投資活動も再開した。日経平均株価は、小泉政権の初期、8000円割れ、歴史的な大底である。日経平均４万円近くの株が、４分の１以下になっていた。親からチャンスを頂いたと思っている。

◎ほんとうの情報は現場から──数々の現場情報を伝える

2001年3月には、アメリカ、シリコンバレーの代表的な企業や、ニューヨーク大学、スタンフォード大学に研修で訪問して日本と比較することができた。しごと以外に、株や首都圏を中心に不動産も買ったが、常に現場にいて、現場を知り尽くさないと本当のことはわからないということを知った。情報は人が知るようになったら情報ではない。世間の情報を信じて動いた人は、手痛い打撃を受ける。自分だけでなく、家族やまわりの人に致命的な被害を与えることもある。悲劇は繰り返される。数々の現場情報を紹介する。

◎本書の主人公

自分自身の価値観を持ち、世間の情報や価値観に左右されないで、人のため、社会のために貢献しようと精一杯頑張っている人は、バブルの崩壊には巻き込まれていない▶
現場でしごとをしているとわかることだが、成功して一生

終わる人は、しごとを通じて築いた自分自身の価値観、人生観を持ち、人を大切にする、心が豊かな人が多い。

　社会に出てから経験を積み重ねて行動しながら学ぶという「実学」を身に付けた人である。

　どちらかというと、<u>日本の伝統、日本人の心を大切にする人</u>である。

　その結果、素晴らしい人間関係や資産（有形、無形）を持ち、生涯現役で終わる人である。

日本人について、最高の物理学者といわれたアインシュタインや現代経営学の神様といわれたドラッガーなど世界的な人物が高く評価している。

　このような人物が本書の主人公だ。わかりやすくするためⅠ～Ⅴに分けてまとめてみた。本書の骨格になっている。

◎本書の目標

　東京、バブルの最盛期、浅草の大資産家から頂いた一冊の小さな本、バートランド・ラッセルの『幸福論』（安藤貞雄訳・岩波書店、1991年）、「<u>人は発想を変えて努力すればだれでも幸せになれる</u>」、幸せは、自分でつくるものということだ。本書の目標になっている。

◎銀行の国有化 ▶ 58歳早期退職

　勤める都市銀行はバブルがはじけて、合併を繰り返し、力尽きて国有化になった。銀行に対するマスコミの攻撃もすごかった。

　「銀行が大変なことになっているが、元気にしているのか」

　東京でお世話になった顧客から心配してわたしのところに電話が入る。振り返るとマスコミが国民や企業に不安を与え、外資の「日本たたき」に加担した責任は重い。本書で説明を入れている。

> 株や企業、不動産が外資に安値で買いたたかれた ▶ 失われた30年へ ▶ 金融現場では当初から想定されたことだ。実際、自分の株や不動産はバブルの高値で大半を売却した。

　銀行支店長 ▶ 銀行系不動産会社 ▶ 総合研究所（シンクタンク）、顧客の皆さんのために頑張ってきたが、国有化に伴い、58歳で早期退職した。信頼して取引して頂いた顧客の皆さんに申し訳ない、寂しい気持ちで一杯だった。

◎マルチステージへ──「黄金の15年」を経験する

　すると、銀行時代の人脈が素晴らしい効果を発揮した。次から次へといろいろなしごとが入ってきた。まとめる

と、 図表 の通りだ。

図表 早期退職後のキャリア〈参考〉

❶ **大学関係**
母校大学、国立大学非常勤講師　対象120〜130名

❷ **企業関係**
大手金融会社大阪本社営業推進役　4年間
大手弁当会社（上場企業）監査室長　3年間
業界最大手食品会社社長室長　　　2年間　合計9年間

❸ **執筆活動　著書**
①「豊かに生きる」　早稲田出版
②「お金のプロ！銀行支店長が教える資産2億円の方程式」　実業之日本社

❹ **講演活動**
全国80会場

❺ **顧問業務**
①企業10年間　②個人（富裕層）7年間

❻ **社会活動**
①フジテレビ、フジ銀行芸能人貸付係　　審査員
②地域活性化、京都府宮津市　産業ルネッサンスキックオフ、基調講演

　キャンパスライフ（大学）、全国の講演、著書からスタート、60歳〜75歳の15年間は、マルチステージに入り、まさしく「黄金の15年」、充実した人生を謳歌した。「銀行に

は感謝しなさいよ」。妻のことば、お世話になった皆さんには、感謝の気持ちで一杯だ。

> マルチステージとは、「複数のキャリア」を持ち、「多様な人生」を歩むことだ。「人生の道筋」を自分で選ぶという「自主性」が重要になってくる。

◎しごとが「天職」になる

妻はきれいな花やご飯を両親の仏壇にそえて、毎日手を合わせている。

「次はわたしたちの番ですよ。身辺整理をしてください」と。株も運よくアベノミクスで全部売却した。

> 著書『マイナスをプラスに変える倍返し資産運用ライフ』(セルバ出版、三省堂書店 2013 年) を出版した。

身のまわりのシンプル化が進み、時間は十分にある▶そこで、原点に戻り、企業と企業をつなぐ、ビジネスマッチングを展開している▶「一人会社」「ブレーンリンク代表吉野誠」、わたしが代表、わたしがプレーヤー、顧問活動は早いもので10年目に入る。

大阪、神戸、京都、名古屋、毎日が「小旅行」、顧問実績は30社を突破した▶しごとでは、過去の「経験」や「思い出」にも寄り添うことができる、「お若いですね」が最高のことば、しごとが「天職」になり、日々変化、感動や感激が得られる。アンチエイジング、若さも維持できる。

◎「生涯現役」▶「元気で100歳まで生きる」

　テーマ『元気で100歳まで生きる』、関西で住みたい街第一位、阪急西宮北口駅前のきれいな公民館で西宮市主催の講演を頼まれた。会場は満杯になり、女性が7割、キャリアを持って人のために働く女性が多いのには驚いた。講演終了後、皆さん笑顔、共感を頂いた。

　本書はわたしの経験で組み立てたもの、皆さまの「100年時代の人生戦略」の参考になればこれ以上の喜びはない。

「キャリア」を「天職」にする
～経験を重ねることが人生戦略の第一歩～

CONTENTS

Chapter 02	ファイナンシャル インテリジェンスを獲得する

～人生戦略に欠かせない「お金」のこと～

「シンプル化」で ライフステージを構築する

～ムダを無くして自己実現につなげる～

CONTENTS

Chapter 04 「自己実現」の実際
～自己実現に成功した人たち～

100年時代の「人生戦略」

◎わたしの1日── 働く場所と時間が自由に選べる

　早朝、鳥の声、わたしの1日は、あさひを浴びる森林浴から始まる、近くのきれいな県立の森林公園を歩くと、スケジュール、アイデアが次々と浮かんでくる。家事労働にも力を入れている、掃除でリズムをとり、料理も自分でつくる▶買物は息抜き、料理とともに楽しい時間になっている。休みは、早朝から有馬温泉へ、仲間が集まり、異業種交流、30年以上続いている。医者、弁護士、経営者、いろいろな職業の人と親しくなり、ここで大抵のことは解決できる▶働く場所と時間が自由に選べるフリーランスのライフスタイルも獲得した。

「人間と自然とは一体である」と考える。20世紀モノつくりで成功した日本は、再度、原点に戻り「心の豊かさ」をつくりだす技術をつくることが使命といえる。人生ハーフタイム（45歳）を経て、実は、わたしが目指すライフタイルである▶宗教の禅（ぜん）の思想をとりいれ、欧米の富裕層を中心に最近の人気スタイル、自然志向、ミニマリスト、健康志向をカバーした素晴らしいライフスタイルである。

◎低エントロピーのライフスタイル

　１日２万歩以上歩くことも珍しくない、移動時間（脳が働く）は読書タイム、待ち時間はストレッチもする貴重な時間、ダイエットにも成功した。

体重10kg減、腹回り５cm減、標準体重へ。電車も楽しみ、人間ウォッチングができる。クルマは15年前からいらなくなった。毎日が「休肝日」、アルコールともお別れした。銀行時代とは様変わりである。精神状態が極めてよい。

　CO_2の削減、ほとんど家にはいない。エネルギーを消費しない「低エントロピーのライフスタイル」が定着した。エコ（環境）ライフもライフワークになっている。あるものを使いこなし、モノを買わないようにしている。世界のSDGs（エスディージーズ）の活動にもつながる。

低エントロピーのライフスタイル▶資源のムダ使いをしない。捨てるものをなくす。加工食（身体によくない）を避け、新鮮なものをそのまま食べる（食材にはこだわる）。コスト的にも食材、公共料金、ガソリン代など大幅な削減となる。手足を動かすようになり、身体がスリムになり、心身ともに健康が維持できる。

◎しごとは「天職」、わたしの生きがい

　しごとは、「天職」。わたしの趣味であり、生きがいになっている。こうして、「マルチステージ」（P51を参照）を進めていく▶「引退」を「黄金の15年」にして、働く年齢をのばし、人生100年時代に備えるのだ▶「マルチステージ」が整うと、ワクワク感が日増しに高まっていく。

幸福度５年連続世界一位、フィンランド、森林浴が一番の楽しみ、歩くことも含めて、幸福のホルモン、セロトニンが得られる。料理、健康管理のポイント、「脳トレ」、認知症の予防になる、介護では大きな武器になる。異業種交流、つながりの幸福ホルモン、オキシトシンが得られる、しごとを通じて、目標管理、達成感、成功のホルモン、ドーパミンが獲得できる（セロトニン▶オキシトシン▶ドーパミン、この順序で、幸せを獲得する、幸福の三段重理論という）。

◎「余生」というものはない

　能力がある人は、70 ～ 80歳まで働くことが当たり前になった。現役時代に身に付けた能力やスキル、人脈を開花させる「定年は単なる通過点」、いろいろな会社を渡り歩いてキャリアを積み重ね、力を付けていく、キャリアアップ、さらに飛躍してキャリアチェンジしていく▶途中、キャンパスライフ、大学院に行く人もいる。わたしは、運よく母

校で講師をさせて頂いた。全国の講演は、旅行も兼ねる。経験を著書にした。名刺代わりにもなり、しごとが増えた。77歳、今も現役である。多くの地域で、多くの人にお世話になっている。

　数々の逆境を味方にして、「教育（学校）　▶しごと▶引退」という「3ステージ」とは、まるで違う「マルチステージ」を迎えている。変化に富んでいる、新しい自分も発見できる、人生が色あせることはないと思う。わたしには「余生」というものはない。

> 数々の逆境を味方にして▶「マイナスをプラスに変える倍返し資産運用ライフ」（セルバ出版・三省堂書店 2013 年）、著書にした。「究極の通貨」（貴重な経験）として、大切にしている。

◎ファイナンシャルインテリジェンス 　（お金に関する知識）

　バブル時代、渦中にある東京、浅草では、貴重な教訓が得られた▶「お金の奴隷になっている、あったらさらに欲しくなる」▶米、プリンストン大学、ノーベル賞を受賞した心理学者、カーネマンの研究では、年収850万円程度まで幸福度が上がっていくが、その後は、横ばい、さらに上

がると、幸福度はむしろ下がっていくという。研究では「金融資産1億円以上になると、ほとんど幸福度は上がらない」とされている。30年前、バブル時代にこのことに気がつき、人生戦略を見直した。銀行時代は逆風が吹き大変だったが選択は正しかったと思う。本書で詳しく説明する。

◎国の資産倍増計画 ▶ 次世代に二度と間違いを起こして欲しくない

学校教育では「投資教育」を何もやっていない。長い人生では、株や不動産、お金のことなど正しい知識がある人とない人とでは人生には大きな差がつく ▶ 健全なお金の知識があれば、強引な投資セールスの被害者にもならないだろう。汗の結晶といえる退職金を失うこともない。親が資産を残すこともある。こどもが資産の守り方を知らなければ、一瞬にして失うことになる ▶ 国の資産倍増計画、裏に何かありそうだ。ニーサやイデコ、投資に関する多数の著書、にわかに投資情報が飛び交っている。バブル時代の後半に類似してきた。本書「Ⅱ.ファイナンシャルインテリジェンス」をよく読んで欲しい。バブル崩壊、資産運用の注意事項などポイントをわかりやすくまとめている。次世代に、二度と間違いを起こして欲しくない。

◎「シンプル化」について

　成功者の多いアメリカでは、ミニマリストが注目を浴びている。精神的な余裕を持つことにウエイトを置き、最小限のモノで暮らす「ライフスタイル」の人だ。資産20兆円、しかし、極小住宅に暮らしている。彼らにとって20兆円は、単なるデータにすぎない▶「成金」をよく思わない時代、お金は「経済的独立」を実現するために必要な「安心感」であり、「自己実現」のために達成する目標ではない。本書で詳しく説明する。

《人生100年時代、定年後の人生でその人の価値が決まる》
いくら蓄えや年金があるといっても、毎日が日曜日。社会から疎外されたような状態ではむしろ苦痛だと思う。緒方貞子さん、八千草薫さん「死ぬときが定年です」と活躍された。人生100年時代、定年後の人生でその人の価値が決まる。

◎「一人会社」で自己実現を目指す

　「一人会社」を作って、サラリーマンという閉ざされた社会を抜け出し、自立を目指すことを考えよう。「会社の意向に左右されない」「自分の判断で進む」、大変だが幸せにつながる。

わたしは、銀行時代、家族会社のオーナー経営者、会社依存ではなく、会社に寄り添う、会社と共生する、感覚で能力や人的ネットワークを高めていった。退職後は、ブレーンリンクという名称の「一人会社」をつくり、やりたいことはやってきた。「自己実現」ができたと思っている。

> 「一人会社」は定年がない、事務所は「外」、歩きながら考える。
> 携帯電話・スマートフォンが最大の武器となる。

◎幸せは自分でつくる

　ほんとうに幸せな人というのは、大半の人が幸せをつくり出すと思っている「富」や「名声」「美」などあまり重要でないということに気が付いた人だといわれている。

> わたしもある程度経験したが、物質的な満足、肩書、収入、結婚、健康も慣れてしまえば幸福感は薄れてくる。心理学でいう"快楽順応"の存在はとても強力なのだ▶幸福度を高めるためには、日々の「行動習慣」が重要になってくる。目標を持って動くことだ。「自己実現」の世界に入ることだ。すると、感動や感激、アンチエイジング（若さを保つ）というギフトがあるのだ。

　生活の達人として、身のまわりの「シンプル化」を進めよう。人生の達人として、自分で「人生ドラマ」を演出し

よう▶「幸せは自分でつくる」▶「究極の通貨」や「最高善」を手に入れよう。本書でプロセスを詳しく説明する。

Chapter 01　キャリアを「天職」にする
Chapter 02　ファイナンシャルインテリジェンスを獲得する
Chapter 03　「シンプル化」でライフステージを構築する
Chapter 04　「自己実現」の実際
Chapter 05　幸せは自分でつくる

　この順序で、「人生戦略」、人生100年のライフスタイル「マルチステージ」を説明したい。

「キャリア」を「天職」にする
～経験を重ねることが人生戦略の第一歩～

❶「キャリア」を楽しむ

　「キャリア」を通じて、自分が成長し、しごとを通して、かけがえない経験や出会いを頂く、人生を楽しむ生涯を送る。「キャリア」は自分の人生を思うように生き、楽しむために積んでいくものと理解している▶「キャリア」において、理想的な人は、しごとを楽しんでいる。彼らにはリタイアということばはないと思う。「生涯現役」、ほとんどの人は死ぬまで働こうとする。<u>妻の父は東大法学部卒、上場会社社長・会長を経験した後、中小企業診断士の通信教育を受け、中小企業を指導した</u>▶わたしの場合も、「自己表現」の手段として、著書、講演、コンサル、顧問活動など、喜ばれて、自分も成長し、新たな発見もある、お金まで頂く、楽しくてしかたがないのだ。現在の「キャリア」は、若い時からのキャリアの考え方から生まれた。言い換えれば、わたしの「自己実現」である。

　コンサルや顧問活動では、テーマがあり、苦労するときも多いが、自分も成長し、達成感が得られる。大学の非常勤講師、母校の教壇に立って、経験したことを後輩に伝える。そのためには、自分もよく勉強する。テストの採点には苦労するが、これ以上の喜び

はない。学生から頂いた授業感想文は貴重だ。わたしのキャリアの評価にもなっている。

❷「キャリア」を重ねる

まず、①「将来の理想像」を描く、「キャリアビジョン」

図表1「キャリア」の流れ（参考）

【順序】

❶ 都市銀行（最終）支店長

❷ 都銀系大手不動産会社　関連する不動産業務

　肩書：部長　2年間　　　　　　　　　　　　　　↓

❸ 都銀系総合研究所　コンサルティング

　肩書：コンサルティング部長　8年間

　〈銀行退職後〉　19年

❹ 母校大学非常勤講師　産業政策論　120名対象　　↓

❺ 国立大学非常勤講師　地域経済論　130名対象

❸ 大手金融会社大阪本社（上場企業）営業推進役　4年間

❹ 大手弁当会社内部監査室長（上場企業）

　J-SOX（内部統制）構築　3年間　　　　　　　　↓

❺ 業界第一位食品会社　経営管理

　肩書：社長室長　2年間（コンサルのフォローアップ）

❻ 商工会議所主催セミナー

　（大阪、兵庫、京都、富山、滋賀、鳥取、高知）

❼ 講演：全国80会場

　研修：大手クリニック（看護師などスタッフ）　　　↓

❽ 企業顧問　実績：関西・名古屋企業合計33社

　内容：企業開拓　10年

❾ 個人顧問、富裕層　内容：財産の運用　7年

という、②そのための計画を立てる、「キャリアプラン」という、③さらに「キャリアアップ」する、「キャリアデザイン」という、④路線変更し、未経験の業界や職種へと広げていく、「キャリアチェンジ」という。このプロセスの通り、銀行員からスタートして「キャリア」を広げていった。

◎「キャリア」を積み重ねて、しごとを「天職」にする

しごとに没頭できればいろいろな自分の能力が開眼する。周囲も認めるようになる▶人生も充実し、新たな人脈もできる▶「その場、その場で咲く」目の前のしごとを好きになるように全力投球する▶仮に左遷人事や一時的に収入が減ったとしても、夢中になれるしごとを「天職」にすることだ。地位はいずれなくなるが、しごとを「天職」にすると、一生充実した人生を送ることができる。ここで銀行時代を振り返って見よう。

❸ 銀行員の価値観を変える

テレビ番組「半沢直樹」で銀行員の倍返しが大きな話題になった。わたしも、まさしく、倍返し「マイナスをプラスに変えてやる」という発想だ。まわりからの攻撃には「銀行員の価値観を変えてやる」と自分を刺激してやってきた。

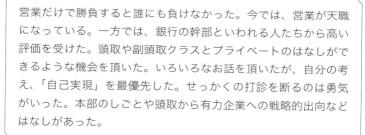

当時、銀行は、同調圧力や横並び意識が強く、上司の好き嫌いやパワハラも多く、同期でも魅力的な人がつぶされていた。

営業だけで勝負すると誰にも負けなかった。今では、営業が天職になっている。一方では、銀行の幹部といわれる人たちから高い評価を受けた。頭取や副頭取クラスとプライベートのはなしができるような機会を頂いた。いろいろなお話を頂いたが、自分の考え、「自己実現」を最優先した。せっかくの打診を断るのは勇気がいった。本部のしごとや頭取から有力企業への戦略的出向などはなしがあった。

アメリカ研修旅行では、総合研究所社長（もと副頭取）に大変お世話になった。シリコンバレー企業、ニューヨーク大学、スタンフォード大学など訪問、日本と比較することができた。途中の社長との会話も貴重だった。今、東大生など就職先人気企業で大手コンサルティング会社が軒並み上位を占めている。わたしはこのころからコンサルティング会社に注目していた。総合研究所（シンクタンク）は８年間お世話になった。当初から希望していたキャリアだ。経営から声をかけて頂いた。

◎母の影響を受ける

　学生時代からアルバイトをして株を少しずつ買った。大正生まれの母の影響を受けたのだ。軽い気持ちで受けた有名私立大学の付属高校に合格して、お金を心配すると、母は「一つの銘柄を売ったら払えるから大丈夫」とにっこり笑った。京都の田舎から寮生活を伴うもの、親には今でも大変感謝している。

◎社員は自分の株をやってはいけない

　就職は、最大手N証券を受けた。関西の一流といわれる国立大学の学生が集まっていた。集団面接や健康診断も無事終わり、所属部署を決める役員面接で、「社員は自分の株をやってはいけない」と厳しく言われたのだ。仕方がなく、帰りに立ち寄った都市銀行に決めた。成長経済が続く中、銀行は忙しかった。

◎何年か勤めよう

　友達から「銀行は管理が厳しく、しごとが面白くない。君は半年も持たないだろう」と言われたが、ゼミの先生から「君の一番弱いところかもしれないが、まず、金融を勉強してみたら将来きっと役に立つと思う」といわれ「何年か勤めよう」と決心したのだ。

ゼミの先生、後に、著名な国立大学の教授、他大学の学長をはじめ要職につかれた。わたしを評価していただき、大学のしごとにつながった。「君は成長したなあ」「楽しいだろう」が、先生から頂いたことばだ。

◎株がカンフル剤に

遅くまで働き、週に2〜3日宿直室に泊まった。親しい同期が次々と銀行を去った。こんなとき、わたしにとって株は、しごとや生活のカンフル剤となった。刺激があり、気分転換にもなった。ニュースや身の回りのいろいろなことにも興味を持つようになる。次第に、経営者や資産家と進んではなしができるようになった。

一歩外に出ると別世界があった。何年か経つと、「吉野さんは銀行員ではない、投資家だ」ということばが内外から耳に入るようになった。銀行の常務から「株はほどほどにした方がいいよ」、好意的なことばを頂いたこともある。

〈参考〉ハイブリットキャリア▶会社員（銀行員）でありながら他の収入や知識を得て「自立できる道をつくっていくこと」▶わたしは若いころから身についていた。最近、注目されるようになった。

◎経営者や資産家と会う楽しみ

　しごとがうまくいかないとき、不思議に株は上がった。株が上がると元気が出る。株が下がったときは、がむしゃらになってしごとや金融・経済の勉強をして株を忘れるようにした。

> 早朝４時からの学習（誰にも邪魔されない時間、極めて効果がある）、シンクタンク時代、しごとを通じて竹中平蔵さんなど学者や各方面の専門家に疑問点をお聞きした。この時の勉強が後に金融や経済を教える大学の講師につながった。早朝学習は一生続けるつもりだ。

　しごとでは、いろいろなタイプの経営者や資産家に会う楽しみがあった。異動で新しい地域で働くのも新鮮だった。資産家は投資の話が大好きだ。投資戦略などはなしが盛り上がり、「蓄財の秘訣」など詳しくお聞きした。素晴らしい人との出会いがあった。

◎新規開拓で実績をあげる

　資産家は、資産家の仲間を持っている。飛躍的に新規先が増えていった。その後、心強い人脈になったのは、新規で訪問して取引した人が多い。ここで得た地域情報は、後に大学で学生に教えた「地域経済」の源流になった。地域

の資産家は、人脈も太く、いい情報をたくさん持っている。

名古屋では、運転手付きのクルマをつけて頂いた。日本の代表的なグループをはじめ有名企業の新規開拓で実績を上げた。後に頭取になった上司にも同行訪問して頂いたが、役員クラスと親しくしていたのでびっくりされていた。

自動車関連を中心に東海地区の上場会社はほとんど知っている。名古屋支店では評価され、夏一杯、大手証券会社の東京・本社に証券研修生として行かせて頂いた。株の知識も飛躍的に伸びた。

◎首都圏に収益不動産を買う

休みにはストレス解消と体力つくりのために周辺を歩いた。神戸、東京など首都圏に転勤で行ったところでは、不動産を買った▶神戸の土地（駐車場、将来マイホーム）、首都圏に収益不動産を5つ確保した。早く買わないと東京周辺も高くなり、買えなくなると思った。「地域情報」も、不動産を買うときに役立った。全国的な比較から、その地域の不動産価格はわかる。銀行系不動産会社を経由して、今でも、不動産会社や住宅会社の複数の顧問をさせて頂いている。

収益不動産の購入は家内の意向が強い。ハードな銀行生活の将来に不安を持っていた。融資は生命保険付き、相続対策になるのだ。

◎バブル後半に株と不動産を売る

　バブル当時、東京でしごとをしていた。株はドンドン上がる、不動産も都心からスタートして、神奈川、千葉と上昇範囲を広げていった。株はいつか下がると思って利食い（儲ける）をしながら、不動産にシフトしていった。

　不動産は自己資金と借り入れの組み合わせで、比率は、各々50％を目途にした。不動産も下がる怖さがあったが半分にはならないと思った。借金も増えたが、家賃が入るので余裕があった。買う不動産はまわりをよく歩き、調査・確認して決めた。新駅近くの将来性のある場所を選んだ。

　予想通り、東京近郊が上がってきた。マンションも抽選待ちが多くなった（最後に買ったマンションは倍率400倍だった）。株も日経平均が4万円近くになった。多くの人が強気だ。

　日本経済新聞の社説、日本は世界の金融都市、世界中から人が集まる、日経平均10万円も夢ではない、威勢のいい活字が躍っていた。主婦投資家も話題になった。そろそろ売るころだと思うようになった。

わたしは、方向転換を決断した。ヒントとなったのが、わたしが育った京都と浅草の資産家から頂いた一冊の小さな本、バートランド・ラッセルの『幸福論』（安藤貞雄訳・岩波書店、1991年）である。

株、不動産、大半を売った。銀行株も最高値で何回かに分けて売った（売却資金は自宅の建築資金にあてた）その後、銀行株は、下がり続け、1割程度に暴落した。

◎ライフスタイルの見直し▶「シンプル化」に全力投球

バブルが崩壊する中、『幸福論』をイメージしながら、しごとと並行して、ライフスタイルの見直し、「シンプル化」（P111参照）に全力投球した。いろいろな困難や不安（異動・転勤、バブルの崩壊、銀行支店長、親の介護、阪神淡路大震災、銀行の合併、銀行の国有化）を乗り切ったのだ。

◎顧客に喜ばれる

しごとでは、いろいろな相談を積極的に受けた。経営、資金繰り、財産、相続など多岐にわたる。東京、バブル時代は、相談の電話が開店前の店内に鳴り響いた。地域で評判になりＮＨＫの番組「金融最前線」でわたしの活動が紹介された。東洋経済の金融特集でも、「預金＋貸出」＝預貸和

の伸び率が浅草地域で1番の支店として活字になった。

◎顧客に寄り添い、顧客に貢献する

　しごとを通じて、問題解決ができる能力を身につける。顧客から「こんなことができないか」「こんなことで困っている」と言われたら「何とかします」が回答になる。

顧客に寄り添い、顧客に貢献する。単にモノを売るのではなく心や姿勢を売るのだ。

　人間も磨かれ、新しいビジネスのヒントも生まれてくる。問題解決力をつけた人は、将来心配する必要はない。このタイプの人が会社を起こして成功している。まわりもほっておかないだろう。

夫婦二人からスタートして、業界第一位になった社長に久しぶりに会った。「大きくなりましたね」というと、社長はにっこり笑いながら「一つひとつ問題解決をしていたら大きくなった」、最後に社長は「大きくしようと思って大きくしたのではない」と従業員500名の収益力のある優良企業になったのである。
「商いは、人並み以上に汗を流すこと、ただ汗を流すだけでなく、知恵と才覚を働かせること」「世間の評価を気にせず、自分のしごと、商いに打ち込み精進すること」（三井家家訓）

❹「会社と共生」──「天職」を見つける

<u>会社と上手に付き合いながら、サラリーマンの特権をフル活用しよう。</u>

◎社内営業サラリーマンにさよなら

　右肩上がりの時代、「上司のおもりが上手な人」が評価された。顧客とのしごとより、「社内営業」をやっている人が評価されたのだ。よく気がつく人として、評価され、出世の階段を昇っていった。

　右肩上がりの時代、上司の指示をきちんと守り、周囲に合わせていれば、将来を心配する必要はなかった。いい大学を卒業して、大企業に入れば、年功序列、終身雇用に守られながら、定年を迎え、まとまった退職金を手にして、あとは年金で悠々自適に暮らすことができる。住宅ローンを利用して家を買っておけば、最初は少々苦しくてもインフレで退職するころには値上がりして大きな資産になる。

　グローバル化が進む中、これでは日本はつぶれてしまう。今、日本は極めて厳しい状態になっている。

司馬遼太郎の著書「この国のかたち」（文芸春秋）によると、このような個を抑え込み、全体を活かそうとする思想が濃厚になるのは、江戸時代からという。真面目で従順であることが、最良の生き方とされた。日本では個性のことを「くせ」という、企業では個性の強い人を「くせ」のある人といい、人事考課で厳しい評価が下された。江戸時代の考え方が、つい最近まで、大企業で受け継がれてきたというわけだ。

多くの人を敵にすることになれるかもしれないが、早くこのような「会社依存症」から逃れたいと思った。ますます、キャリアアップと資産つくりに目を向けさせた。とはいえ、そのためには、わたしがサラリーマン（銀行員）でいることが必要だった。

解決策は「会社と共生」することだった。人の活躍の場は会社だけではない。家庭も社会もある。会社、家庭、社会に常に関わりながら、それぞれに目標を持ち、自分を向上させる。「会社と共生」するという考え方は、全国の支店を経験し、各地の自然と接しているうちに、次第に身についてきた。

銀行もつぶれる時代になった。大企業でも将来、大丈夫という保証はない。会社が生き残っても、そのために自分がリストラされることもある。従来のように個を抑え込み、会社に一生捧げるような気持では、資産もできないし能力もつかない。毎日が楽しくないのだ。

図表2 人生計画の内容（参考）

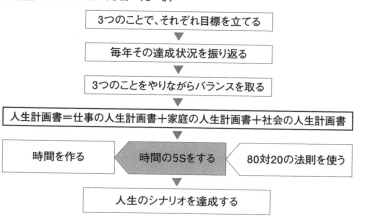

出典：『お金のプロ！銀行支店長が教える資産2億円の方程式』吉野誠／著

《少し距離を置くと、気持ちがラクになる》
自分の会社は大切な顧客と思って接する。会社とピッタリくっついた生き方ではなく、少し距離を置いてみよう。自分は家族会社のオーナー経営者であり「会社と共生」しているという自覚を持つ。常に危機感を持ってしごとにとりくんでいると、予想外の成果を得られることもある▶わたしの場合、早期退職すると、次から次へと、いろいろなしごとが入ってきた。

◎サラリーマンの特権を絶対に手放すな

「人生戦略」として、若いころから目標を決めて、45歳を人生のハーフタイムと考えて頑張ってきた。そのとき独立することも考えた。しかし、独立するには、以下のような問題点があった。すでに、バブルの崩壊も始まっていた。

サラリーマンは給料のほかに社宅、通勤費、出張費、有給休暇、ローンを組むときなどの身分保証、しごとのスペースが無料など、多くの特権を持っている。何かない限り、その特権は定年まで続く。仮に、年収が700万円〜800万円の人が独立して開業した場合、事務所から事務機、文房具など細かなものも必要となる。総務などの細々した事務なども自分でやらなければならない。おおまかに言えば、年間収入1500万円〜2000万円以上ないと、同じような活動はできないのである。

顧客に対しては「カンバン」がないため、名刺の重みも軽くなる。日本では新しい事業をはじめようとしても、役所の規制や許認可など、がんじがらめになっている。税制をはじめいろいろな面で、個人より法人が有利になっているのだ。会社を離れて、個人に戻ると何もかも不利になるといってよい。

日本は世界で、"開業のやりやすさ"、では最下位という不名誉な評価がある。

会社（銀行）を簡単に辞めてはいけない。会社（銀行）に寄り添い、会社（銀行）と上手に付き合うことを考えたい。なぜなら、能力や人脈、そして資産つくりでは、会社員（銀行員）という立場が、どうしても必要になるからだ。

◎「天職」を見つける

<u>会社は自分の能力を高めるところ</u> ▶ 定年後、会社勤めをしなくても収入が得られるようにする。

「これからは一人で戦える力をつけなければならない」

ソニーの創始者、盛田昭夫は、著書「21世紀へ」(ワック社)で「日本の企業では、人と同じことをやる人が上に上がり、人と違うことをやる人が報われない」「家族的雰囲気でしごとをやり、企業は社会保障団体になっている。これでは経済戦争は勝てない」。日本では、雇用の流動化の仕組みができていない。このような状態で行われるリストラは国民の将来に大きな不安をもたらした。

リストラにより、中国、韓国、台湾へ、日本の技術が流失した。韓国、サムソンには、「200人規模の技術者が日本から行っている」「ソニーを何から何までまねている」当時、指導にいっていたコンサルタントから直接聞いたはなしだ。

《参考：これからの理想の社員像》
役員にはならないが、それなりに評価され、仲間も多い。トップ近くの人と仲が良く、充実した会社生活を送る。休みは地域と親しくして、仲間と温泉などにもいく。タイミングを見て「起業する」、こうして質の高いセカンドライフが可能になり、マルチステージへと広がっていく。

これから生きていくためには、一人でも戦える力をつけなければならない。常に、自立できる力をつけるべきだ。組織や連帯の時代から、「個」の時代に入ったのだ▶しっかりとしたキャリアビジョンを持ち、「サラリーマンマインド」から「プロフェッショナルマインド」に切り替えていく▶マネジメント能力の向上＆人に負けない「専門性」を高めていくのだ。

〈参考〉能力を高める方法、現場に入り実際にやってみること
銀行支店長の後、銀行系大手不動産会社２年、銀行系総合研究所（シンクタンク）８年で合計１０年、徹底的にしごとをした。自分のためになる▶品質マネジメント（ISO9001）、環境マネジメント（ISO14001）HACCP（食品の安全・安心）Ｊ－SOX（内部統制報告制度）コンサルタント、公認会計士などと大型プロジェクトをプロジェクト責任者として達成した。講演や銀行関係の支店長研修、支店勉強会の講師も数多く経験した。

◎定年後、サラリーマンは悲惨なことになっている

　ひきこもり、生きがい難民、イキイキしている人は2割程度という。テレビを見る時間、現役時代の4倍という。幸福度の低い人ほどテレビを観ているという調査結果もある。ガン、高血圧、心臓病など生活習慣病は増加の一途、健康保険制度を直撃している。

妻はコミュニティーがあるが、空いた時間をどう埋めるか、課題も多い。マスコミは、「下流老人」「不良老人」ということばを使いだした。自分の力で明るい人生を開く努力をしない老人が増えているという。

◎サラリーマンは「成仏」できてないのでは？

「自分は終わった」、地位がなくなり、部下がいなくなる、定年後の落差が大きい、妻のストレス、1位「夫の存在」という。「成仏」する、わたしは、図表3 のように理解している。

図表3 「成仏」の内容

❶ 妻、子、孫に十分な財産を残す。
　　⇒無形資産を含む、世代格差を考える。

❷ ある程度のポストを経験する。
　　⇒地位というよりも、自分の能力を最大限に発揮する。

❸ 社会から認められる。
　　⇒次世代に伝える力がある。次世代に喜ばれる。

❹ 「自己実現」ができている。
　　⇒本書で紹介する（「Ⅴ自己実現」を参照）。

❺ 親の介護をやり、自分のことは自分でできる。
　　⇒やってきた。家事労働もできる。

◎問題解決の経験が「天職」に結びつく

　解決策は情熱をもって一生続けたいと思うしごと、「天職」を見つけ出すことだ▶人生がキラキラと輝くようになる。右肩上がりの人生が経験できるのだ▶「天職」とは、その人の天性に最もあった職業である。こころから充実感があり、人から認められなくても、報酬が少なかったとしても生涯続けて行きたいというものだ。

　しごとは人生の中で、多くの時間を費やす、その中で、自分なりの楽しみを見つける。繰り返しになるが、問題が発生したら、逃げないで、解決することに情熱を傾ける。この積み重ねが自分の能力になる▶問題発生がないところに自分の成長はないと思うことだ。すると、どんな大きなストレスも解消できる。

　この意識が、わたしの「天職」に結びついた。大変だが、人生後半に大きな花が咲いた。幸せな人とは、ストレスがない人ではない、大きなストレスがあってもそれをものともせず、人生を歩むことができる人だ。いろいろな「経験」を積み重ねた人だ。

バートランド・ラッセルは『幸福論』の中で、しごとについて、「創造的なしごとから得られる満足は、人生が与える最大の満足である」。しごとを面白くするためには、「知恵や技術を高めて、しごとを創造的なものに組み立てることだ」 ▶ 「偉大な創造的なしごとから得られる満足は、人生が与える最大の満足である」と。ここで事例をご紹介しよう。

❺ マイナスをプラスにする──しごとで「社会貢献」

◎死んでいたＳ氏、バブルで生き返った

　バブル時代、債務過剰で苦しんできた人などが生き返るチャンスだ。東京墨田区でメーカーを経営するＳ氏は、先代の事業を引き継いだが、過去からの多くの借金があり、資金繰りに追われる毎日だ。工場に行くと、補修費用も事欠き、建物や設備が老朽化していた。工場のところどころでは、従業員が車座になり、タバコを吸って、不安な表情でわたしをじっと見ていた。借金は7億円程度ある。

　この状態では、将来よくなる見込みがないと思ったが、Ｓ氏は、その月を乗り切るため銀行に融資を申し込んできた。「設備も古く、従業員も年をとっている。工場を売却するしかない」と言ったが、Ｓ氏は「もうお金は出ないのか」と真っ赤になって怒った。数日して、Ｓ氏は疲れ果てて、「土地を売ってもいい、何とかしてほしい」と頼んできた。

すぐに、土地の売却と新工場の物色に入った。すると、土地は大手マンション業者が坪300万円、総額15億円で買ってくれた。わたしが見つけた埼玉県の土地を購入して、新工場を建築した。工場用地も建築業者も予算内に収めるため、わたしが細部まで交渉した。

総額5億円で工場ができた。建築代金や土地代の支払いは、わたしの顔で、売却代金の受け取りと同時にしてもらった。新工場は、高速道路のインターチェンジからすぐそばにある。パートさん対策として、近くに大きな団地があるところを選んだ。新工場は、将来、貸工場にもできるように建物の構造を工夫した。

住居から遠くなり、辞める人には、売却金の一部で退職金を払った。代わりは、近くの団地のパートさんで補った。従業員のリストラも同時にできた。退職金と移転費用で1億円ほどかかったが、借金を全額返済したあと、余った2億円で船橋市の環境のいい、駅から3分のところの10室ある収益マンションを買った（5棟10室＝税法上、不動産事業とみなされる最低規模、税法上の優遇が受けられる）。

将来、空室にならないよう立地をよく考えた。設備や管理状況は、入念にチェックした。年間1200万円程度の家賃収入が入る。累積赤字、買替特例制度（東京から千葉、埼玉への移転が対象）で税金も発生しなかった。売却金額：坪300万円はバブル時代の高値だ。

しごとで関西にこられ、久しぶりに京都・祇園のお店でS氏に会った。「バブルがわたしを助けてくれた。感謝の気持ちで、江戸文化の保存活動に力を入れている」と嬉しそうだ。

◎しごとで「社会貢献」ができる

F氏の自宅店舗は、銀行の正面にあり、江戸通りに面していた。F氏は株が大好きで、すぐに親しくなり、浅草のことをいろいろ教えて頂いて助かっていた。バブルの波は下町にも押し寄せた。心配したF氏が、浅草税務署に行って調べたところ、路線価（相続税の土地の評価額）がバブル前の坪300万円から坪1000万円になっていたのだ。

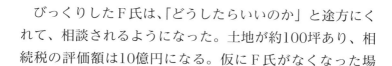

びっくりしたF氏は、「どうしたらいいのか」と途方にくれて、相談されるようになった。土地が約100坪あり、相続税の評価額は10億円になる。仮にF氏がなくなった場

合、奥さんやこどもさんたちが手元のお金で払える金額ではない。Ｆ氏の取引銀行は、借金をしてビルを建てることを勧めていた。「売却した方がよい」とアドバイスした。

　Ｆ氏は「細長い土地で、なかなか売れないのではないか」と心配したが、わたしは「ビルを建てても間口が狭いので、テナントが集まらないと思う、隣接する大手玩具会社に買ってもらったら」と提案した。Ｆ氏と一緒に何度か、玩具会社に行き、はなしをした。予定通り、玩具会社が10億円で買ってくれた。それから、東京の地価も家賃も下がり続けたのだ。

◎適切な資産運用の相談に乗る

　久しぶりに、わたしに会いたいと夫婦で神戸に来られた。「助かりました。ビルを建てていたら大変なことになっていた。借金が払えなくなっていたと思う」「売却代金は、吉野さんのはなしを参考に、日本株は休み、アメリカ株の投資信託を中心に預貯金とバランスよく運用しています。かなり増えました」、感謝のことばをいただいた。日本株は4分の１、アメリカ株は4倍になっていた。

浅草の「お金の物語」のように、しごとを通じて、社会貢献や人から感謝されることは十分にできる。振り返ると、たくさんの企業や人の問題を解決した。わたしも、「地域情報」をはじめ、いろいろな情報を頂き、心から感謝している。

❻ 創造的なしごとから──人生の満足を得る

しごとや人生観を見直すとき、是非参考にして欲しい人をここで紹介する。京都の数寄屋作りの第一人者・中村外二さんの人生である。

中村さんは1997年5月、91歳で亡くなられた。「生涯現役」である。国内や海外に100数10棟の建築を施工された。松下幸之助には数々の茶室を依頼された。世界の財閥ロックフェラー邸の住宅や茶室を建てた人でもある。

「建築とは、施主の運命を延ばすこと、大工の根本は施主の力と好みをつかむことである。いい建築を残して、顧客に喜んでもらう、顧客の運命が上がるような家を建築する」

中村さんの考え方である。中村さんのしごと哲学は次の通りである。

① 材料である木の性質をよく知り、それを生かすことを考える。今まで厳選して集めた木をどう生かすかから建

築は始まる。いい木はわずかしかない。森林を自ら歩いて選ぶ。倉庫には全国から集めた立派な木が一杯あった。木は10年〜20年乾燥させて寝かさないと立派な建築はできない。一尺の木片でも粗末にはせず生かすことを考える。「立派な木は一枚でも小さな家が建つほどの金額であるが何十年の歴史を持っており高いものではない」というのが中村さんの材料に対する考え方である。

② 木は一本一本に表情があり、個性を持っている。その個性を殺さず、どう建築の中に生かしてやるかが大工のしごとである。職人もいろいろな人がいる。「頭の悪い人もいる。頭の悪い人には悪いなりに、どこかに何か特徴を持っている。それを一つでも見つけてやって世の中を渡っていけるようにしてやる」中村さんの弟子に対する考え方である。

③ 台風を経験した人としない人では、今後の成長がまったく違う。台風が来たといって現場から離れるような人はダメだ。大切なのは、現場で経験を積んで勉強することだ。親方のいう通りしかやらない人には成長はない。人から教えられただけでは身につかないし、本を読んだだけでも身につかない。自分で苦労して失敗を積みながら大きくなっていくのである。真剣に自分の人生をかけるような心構えで物事をやっていれば、何をやっても通用するし、どんな場面でもやっていけるようになる。それ

だけ真剣な気持ちであれば、顧客を感動させるし、やることが人と違うようになる。

④　弟子をとるときはまず人を見る。掃除をさせるとすぐにわかる。隅まできちっと掃除をやる人はまず伸びる。掃除で性格や品格がわかる。早くてもいい加減にササッとするのはダメだ。しごとが上手な人は掃除も上手だ。しごとの手順がよくなって材料や道具も大事にする。こころがけがしごとに現れるのである。

⑤　技術や、やり方は身体で覚える。今は、手間を省こう、省こうとするからおかしなことになっている。人や社会までおかしくなっている。掃除から始まって、しごとの積み重ねから立派な人格ができる。人からも信頼されるのである。

⑥　生前、中村さんはお金について、こういっている。「財は作りたい。ただお金を儲けたといっても、財をつくったとはいえない。財を作るということは、いい材木をたくさん買っていい建築を残すことである。いい建築を残すということは人を喜ばすことになる」これが中村さんのいう財である。

中村さんは完成した建物にも不満が多かった。建築が始まって終わるまで、施主も中村さんも成長していくからだ。

柔らかい頭を持ち、常にいろいろなことを考え、亡くなるまで成長した人である。その考え方、知恵、やり方などは後継者である中村義明さんに継承されている。孫にあたる公治さんも、国立大学で建築を勉強された後、一緒にしごとをされている。「一本立ちできるのは40歳以上でしょう」と義明さんがサラッといわれた。

> ユニクロの柳井さんをはじめ、中村さんの建築された家に住んだ人はさらに立派になる人が多い。中村さんは施主の運命がどうなるかを常に心配されている。

> 人やものを生かす。限りなく顧客満足を求める。施主とのコミュニケーションを大切にする。現場の経験を生かす。柔らかい頭で常に自分の成長を図る。あらゆるしごと、いろいろな人の人生にあてはまることだ。

　実は、1年間、京都の北、大徳寺の近く、中村さんの品質マネジメント（ISO9001認証取得）のコンサルをさせて頂いた。貴重な経験、心から感謝している。

❼ 「マルチステージ」に入る

　明治生まれの父は、まさしく「マルチステージ」の人生に挑戦した。国立大学を特待生（とくたいせい）で卒業して軍隊に入った。幹部候補生がスタート、ほんとうのエリートである。海軍航空隊大尉として海外で激戦を戦い、最終、兵庫県、淡路島（由良地区）にある秘密飛行場のトップを務めた。実は、終戦近く、ここから若者が特攻隊として次々と飛んでいった。全員、飛ぶ前に父が面談した。全員志願兵、目が輝き、素晴らしい若者、日本のために亡くなったのだ。この事実は、地元の人にもよく知らされていなかった。

　「若者の死を無駄にしてはいけない」と父から何度も聞いた。大きな袋を押し入れから発見した。慰問（いもん）に来た宝塚歌劇団のスターからたくさんの励ましの手紙をもらっていた。母のはなしでは、厳しい戦場にいたのでよくもてたようだ。父は、「一生、人のために働きたい」といい、定年後も働きながら、いろいろな国家資格をとり、しごとの範囲を広げていった。80歳を過ぎても現役で頑張り、年金には手を付けていなかった。髪の毛は黒く、実年齢を聞いて驚く人が多かった。当時の平均寿命は今より10歳程度若い。90歳を過ぎた敬老の日、市民会館の大舞台で全員に詩吟（しぎん）を披露し、拍手喝采を浴びた。高齢者に勇気を与えたのだ。

94歳で亡くなったが、亡くなるとき父から感謝のことばをもらった。妻には嬉しそうに目に涙を浮かべていたという。

いくら長寿でも、元気で、人格の成長がなければまわりに迷惑をかける。ほんとうの長寿とはいえない。軍隊で身に付けた規則正しい生活、きれい好きの父、「おとうさんを見習いなさい」と妻は父を大変尊敬して、最後までよく世話をしてくれた。実はわたしの「マルチステージ」は父の影響を強く受けているのだ。

「教育▶しごと▶引退」という「3ステージ」は、平均寿命が短い時代、古いものだ。寿命が延び、人生のステージを数多く経験する「マルチステージ」の時代に入ったのだ。

世界では、「100年時代の人生戦略」「ライフシフト」リンダ・グラットン、アンドリュー・スコット、東洋経済新報社、ロンドンビジネススクールの2名の教授により、「マルチステージ」が脚光を浴びている。

日本は男女とも長寿では世界のトップランナーだ。「マルチステージ」、なじみがない人が多いと思うが、人生100年時代に入り、極めて重要である。本書では、わたしが実践してきた経験から事例を挙げて説明しているが、簡単にポイントをまとめておこう。

１）与えられたしごとをやる「受け身の人生」ではなく、自らが積極的に人生を選択して、いろいろなステージにチャレンジする。複数のキャリアを持ち、多様な人生を経験する。やがてキャリアは「天職」になり、「自己実現」や「生涯現役」につながる。

２）次から次に新しいキャリアを経験して、ステージを変えたり、ステージを増やしたり、ボランティア的なことや地域活動なこともやる、ときには、自分探しの期間も設ける。

３）「マルチステージ」、有形資産に加えて、次の３つの無形資産が重要になる。

① 生産性資産（スキルや知識等、しごとの生産性を高め、所得とキャリアを向上させる資産）

② 活力資産（肉体的・精神的な健康と幸福のこと、友人や家族との良好な関係をつくる）

③ 変身資産（多様性に富んだ人的ネットワーク、新しい経験に開かれた姿勢を持っている）

国連の幸福度調査によると、直近、日本、「人生選択の自由さ」77位、「寛大さ」148位、極めて低位にある。特に、「マルチステージ」では、③変身資産がポイントになる。

わたしは「マルチステージ」に入っている。明治生まれの父も「マルチステージ」を経験した。日本では、労働市場の流動化が進んでいない「マルチステージは困難だ」と

いう専門家がいる。このままでは、日本は沈没すると思う。

調査では人生100年時代を「前向き」にとらえる人より、「不安、否定的」にとらえる人が圧倒的に多いという。寿命と健康寿命の差は、男性10年、女性15年の大きな差があるのだ。少しでも多くの人が介護される側から、社会に接して若者を支援する側に回らないと少子高齢化が進む日本はもたない。資産も子や孫に残してやらないと世代格差は埋まらない。そう思ってやっている。

　父は、会社では技術職のトップだった。定年を迎え、新たに、10種類以上の技術系の国家試験に合格し、フル活用した。わたしも、J―SOXといわれる内部統制報告制度やHACCP（食の安全・安心）、品質マネジメント、環境マネジメント、プライバシーマーク、資格のあるものは資格をとり、チームをつくり、企業を実際に指導した。実績は200社を超えた。大変だったが、得るものは大きかった。企業から喜ばれ、早期退職後、大きな武器となった。現在の人脈にもつながっている。

　「マルチステージ」を本格的に進めるためには、経験を積み重ね、能力やノウハウ、人脈などのレベルをあげていく、しごとを「天職」に育てあげる。長年、ブレーンリンクという名称でこのプロセスにとりくんできた。経験がさらに新しい経験を生む、新入社員の気持ちで、頑張っている。「死ぬまでチャレンジ」といった方が分かりやすいかもしれない。

　具体的な「マルチステージ」は、本書の内容やわたしの
経歴を参考にして、皆さんの得意分野で飾って欲しい。

〈参考〉大きな社会の変化

原発事故、世界規模のコロナ感染、ロシアのウクライナ侵攻、世界的なインフレ、少子高齢化、自然災害、年金問題、地政学的リスク（周辺国の脅威）、元首相の襲撃など問題が次々に発生している。不安に思っている人は多い。この不安を解消していくためには、大きな社会の変化とは何か、これからどのような変化が予想されるか、自分なりにつかむ必要がある。図表にまとめてみた。

図表4 社会の大きな変化

❶ 人と企業の寿命

	（過去）	（最近）	（将来）
人の寿命	50年〜60年	80年〜85年	100年が視野に入る
企業の寿命	従来30年程度	平均25年	さらに短くなる

❷ グローバル化が進み「日本型システム」が崩れていく。

「日本型システム」⇒ 年功序列、終身雇用、社会保険制度

（年金、健康保険、雇用保険）

⇒「正規雇用」から「非正規雇用」への雇用シフト

❸ 国や地方の財政破綻懸念（借金は1200兆円を超える）
→大幅な増税が続く。

世界的に国債の暴落も懸念される。米、欧、新興国の財政も極めて厳しい。

❹ 企業の役割

	（過去）	（最近）
「企業」 ⇒	社会的責任を考えた経営	欧米型の利益至上主義」株主優先

利益至上主義＝ブラック企業、過大なノルマ、粉飾決算、従業員や下請企業の犠牲

ファイナンシャル
インテリジェンスを獲得する
~人生戦略に欠かせない「お金」のこと~

❶「経済的自由」を手に入れる

「お金の世界」でしごとをしてきたが「お金持ち」が、人生の勝利者とは思っていない。しかし、投資教育のレベルアップは緊急課題だと痛感している。これからサラリーマンが生きていくためには、株や不動産、「資産の作り方」などの知識は必要不可欠だ。さらに、「金融や経済、社会の仕組み」を知ることは、もっと大切だ。しかし、学校では、このような一番大切なことを教えていない。

図表5 資産作りで得られるものとは

☑ 資産から得られる収入、家賃などから「安心感」が生まれる

☑ 仕事にも役立ち、能力アップにもなる

☑ 目標ができ、資産を作るという「作る喜び」が味わえる

☑ 家族に共通の目標ができることで、家族の一体感、達成感が得られる

☑ 株式投資にはドラマがある。自分の仕事や人生の訓練になる

☑ 社会の動きを注意深く見る習慣ができる

出典:『お金のプロ！銀行支店長が教える資産2億円の方程式』吉野誠／著

18年前、著書「お金のプロ！銀行支店長が教える資産2億円の方程式」実業之日本社、母校や一流といわれる国立大学経済学部の授業をはじめ各地講演でも皆さんから大きな反響をいただいている。今、まさしく、その時代になった。富裕層の相談にも乗っている。大きく育った人も多い。

<u>60歳で借金ゼロ、資産2億円のイメージは 図表6 のとおり</u>だ。人生100年時代、日本がどんなに不況に陥（おちい）っても、公的年金制度が怪しくなっても、自分も家族も大丈夫だ。

18年前、当時に比べて平均年収30万円、退職金1000万円程度減少している。何か副収入を考えたい（家庭のコスト削減P126参照）。

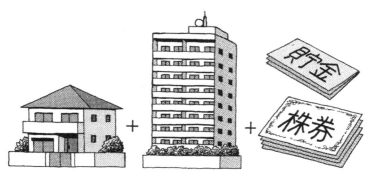

資産2億円の内容
＝マイホーム**5000**万円＋収益不動産**4000**万円＋株ほか金融資産**1億1000**万円

図表6 ライフサイクルによる預貯金、株、不動産、借金の残高推移

注1) 預貯金：国債など金融資産を含む。不動産は便宜上、購入価格で表示している。借金は一方で、返済で減少しているため、概算で表示している。残高推移は、インフレかデフレかのような、その時の経済情勢や人のライフサイクルでの事情、早期退職制度など勤務先の条件など、資産の中味が変わるが、考え方を頭に入れる。
注2) マイホームは50歳前後で考える
注3) マイホーム5000万円、収益不動産2戸4000万円、借金ゼロ、預貯金8000万円、株3000万円が、60歳で定年になるときの組み立てだ。55〜60歳までに収益不動産は2戸売却する。60歳で退職金・年金一時金3000万円程度見込む。サラリーマン期間（22〜60歳：38年間）で、株や不動産の売却益を最低1億円程度は確保する。60歳までに住宅ローンは返済する。収益不動産も家賃、還付金、預貯金、株や不動産の売却益で60歳までに完済する。

出典：『お金のプロ！銀行支店長が教える資産2億円の方程式』吉野誠／著

多くの人が、お金のために働き、そして、お金に悩まされてきた。<u>「ファイナンシャルインテリジェンス」とは、このように「お金に関する知識」をいう。</u>実は、お金のことをよく勉強すると「経済的な自由」を手に入れることができる。「人生の選択肢」も大きくひろがる。いろいろなことに挑戦できる。

「幸せなお金持ち」は、そのことをよく知っているので、普通の人より、質素な生活をして、ムダなお金を使わない。一方では、「自己投資」には積極的にお金を使う。「自己投資」は、「精神的な豊かさやこころのゆとり」につながり、お金が何倍にもなって返ってくる。

いやなしごとも楽しくなる。出世競争に巻き込まれることもない、自分の意見をはっきりといえる。やがて、自己実現や生涯現役につながる。家族や若者の支援も十分にできる。

「自己投資」とは、自分の能力や人間性の成長のためにお金や時間を使うことをいう、読書、運動、研修、経験、人間関係をつくるなどがある。わたしは銀行や総合研究所（シンクタンク）という恵まれた環境を生かし、「自己投資」を重ねてきた。このような機会は他にはないと心から感謝している。

「ファイナンシャルインテリジェンス」、この力が付かないと、国や会社のいわば奴隷のような「立場」になってしまう。副収入がなく、不動産投資など、投資をしなければ、サラリーマンは源泉徴収で税金が徴収され、確定申告をする必要がない。極めて楽だが、「ファイナンシャルインテリジェンス」を身に付けるための知識が欠如しまうのでとても危険だ。

　若いころから不動産投資をしていたので、40年間、確定申告のお世話になった。大変だったが、税金をはじめ、お金に関するいろいろなことを知った▶「財産の三分法」など資産をバランスよく持つこと、お金にも働いてもらう（家賃や配当など収入を得る）こと、会計力（計数を読む力）を高めること、マーケットのこと、よく理解できるようになった。本書のⅢ「シンプル化」でご紹介する「幸せになる５Ｓ式生活」や「５Ｓ式資産つくり」はその処方箋をわかりやすくしたものだ。

　「財産の三分法」とは、預貯金（現金）、株、不動産をバランスよく持つことをいう。
　不動産投資に伴う経費は給料など所得と「通算」できる（「損益通算」という）。資金的余裕があれば、自己実現に向けて、思い切ったことができる。勤める銀行（会社）がおかしくなっても動揺することはない。苦境をチャンスに変えることができる。

1995 年 1 月の阪神大震災では、2200 万円の雑損控除を認めて頂いた。制度が認められた最初の日、税務署に行くと、広い会場に、わたし一人、丁寧に指導して頂いた。被害を受けたマイホームは新築以上にきれいにした。税金に強くなることは、幸せになるための第一歩でもある。

図表7 資産内容のバランス

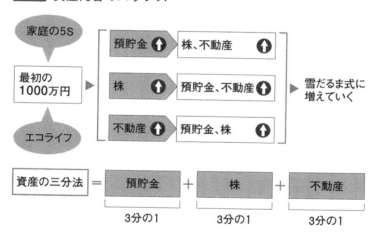

出典：『お金のプロ！銀行支店長が教える資産 2 億円の方程式』吉野誠／著

　お金の不安から自由になり、人生の真の安定を獲得するためには、「ファイナンシャルインテリジェンス」が極めて重要である。人生100年時代の切り札になると思う。

❷「市場経済」に対する処方箋

　日本経済や社会がおかしくなったのは、1985年9月22日、37年前の「プラザ合意」からだ。当時、アメリカは極端なインフレ、異常な金利上昇、景気対策による財政赤字と金利上昇に伴うドル高から貿易赤字、いわゆる「双子の赤字」に苦しんでいた（今のアメリカの状況と似ている）。

　「プラザ合意」はアメリカの苦境を救うためにアメリカのプラザホテルに先進5カ国（G5）蔵相を集めた。

実際は、竹下大蔵大臣（当時）を呼びつけ20分程度で終わった。

ドル高（当時は1ドル約240円）を一挙に是正するために行われたものだ。プラザ合意により、2年後、1ドル120円という相場になり、日本経済は円高不況に追い込まれた。バブル発生の1年前のことである。これで日本は「成長経済」から「市場経済」に移行して、日本経済の成長は終わった。その途中、日本のバブルが崩壊、2008年にはリーマンショックなどあったが、日本経済の苦境は続いている。

　アメリカ発、グローバルスタンダードで固められた「市場経済」では「官」（国や政府）からの情報は賞味期限が切

れており、政策も役に立たない。そのことをいち早く知り、急激な経済や社会の変化に対して「意識改革」した人と、できていない人の二極化が進んだ。「意識改革」とは、従来の<u>「増やす」という考え方に別れを告げて「市場経済」に合わせて「減らす」改革をしていくこと</u>だ（ChapterⅢ「シンプル化」でライフステージを構築する参照）。

いくら「官」が規制や許認可を使い、従来の体制を守ろうとしてもグローバルスタンダードで固められた「市場経済」の波には太刀打ちできない。いずれ、「国内基準」は「国際基準」に飲み込まれてしまう運命にある。バブルの崩壊と「失われた30年」でその実証テストはすんでいる。「プラザ合意」のようにひとたまりもないのだ。

アメリカの「円高攻撃」は日本経済に、ミサイルのように威力があった。経済学者ケインズが考え出した「公共投資」による景気対策も、「ゼロ金利」という異常な金融政策も、この「円高攻撃」で吸収され、つぶされた。最終的には、国や地方の財政を極めて厳しい状態に追い込んだ。

「市場経済」に対する処方箋はすべてのことに５Ｓ（整理・整頓・清掃・清潔・しつけ）をすることだ。５Ｓは、ト

ヨタなどのグローバル企業や、バブルの崩壊を見事に乗り切った「幸せなお金持ち」が実践している。５Ｓで臨機応変の問題解決をすることだ。わたしは、このことに気が付いて、バブルの後半、株、不動産を売り、いち早く、「シンプル化」に取り組んだ。

借金を重ね拡大を狙う企業はつぶれていった。借金を減らし、減量経営をする企業は生き残り、さらに強くなった。個人も同様だ、拡大を狙う多くの人が破綻した。株や不動産投資、住宅ローンやアパートローンで破綻した人は多い。一方、日本には、100万ドル（1億4千万円）超の「富」を持つ「幸せなお金持ち」が300万人以上いるといわれている（クレディスイス調べ）。

図表8 世の中の動きに合わせること

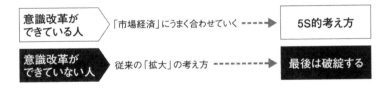

■市場経済がもたらしたもの

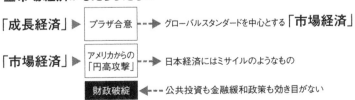

出典：『お金のプロ！銀行支店長が教える資産２億円の方程式』吉野誠／著

ドル・円相場や株価の乱高下が激しくなった。為替投機が可能になったのは1980年代の金融自由化によるものだ。外為取引の「モノの輸出入を伴っていなければならない」という規則が撤廃され、「モノ経済」から「マネー経済」に移行した。国民経済が基軸通貨を持つアメリカの影響をもろに受け、アメリカの意向で経済が動いていく状態になったのだ。

この変化を見逃すと、どんな投資も資産も水の泡になりかねない。「成長経済」では、時間が経てば、損は成長で吸収できたが、「市場経済」では、情報化のスピードは速くなり、臨機応変の対応が求められる。欧米では、パンデミック対策の大規模な金融緩和からインフレ対策として金融引締めに大きく舵を切った。日本はどうなるのか、バブル時代を振り返ってみよう。貴重な教訓が得られる。これからアベノミクスがどうなるか、およその見当がつく。

❸ お金の「天国」と「地獄」は紙一重

◎「お金」の大切さを肝に銘じる。

　銀行員として、「お金の世界」の表と裏を見てきた。公私とも成功した本当のお金持ち。逆に一見、羽振りはよかったものの、結局は人生が破綻したお金持ちなど、さまざまな人の生き様を見てきた。全国各支店で、「お金のしごと」をしてきたが、特に印象に残るのが東京、浅草支店だ。

それから30年、異次元の金融緩和（マイナス金利）、日銀が国債や株（上場投資信託：ETF）を買う（従来、「禁じ手」といわれていた）バブル時代と同じようなことが、アベノミクスと称して、形を変えて繰り返されている。国の債務は増え、大幅な円安、物価上昇など副作用を伴い、国内産業やサラリーマンを直撃している。マーケットでは「世界的な大暴落があるのではない」とささやかれている。アベノミクスの副作用は当初から予想された。

◎お金は人を殺すこともある

　お金は人を幸せにするが、人を狂わせる、時には人を殺すこともある。

　バブルとバブル崩壊という現象によって、人生や企業経営などにお金が大きな影響を与えることを強く思うようになった。人生でも、企業経営でも、「市場経済」では、油断していると同じようなことがすぐに起こるということだ。

　1986年から1989年の4年間をバブル時代といい、この時代はお金の「天国」だった。そのころ、バブルの渦中にある浅草支店で働いていた。目の前では、土地や株が暴騰するという資産インフレで、汗をかかなくても資産10億円、20億円、100億円というお金持ちが続々と誕生した。

◎お金はあるともっと欲しくなる(ドーバミン効果)

「もっと増やせば幸せになれる」、儲けたお金だけでなく、親から相続した土地を担保に借金までして、土地や株を買いまくった人も多い。当時、土地は上がるという「土地神話」があり、株も銀行株を中心に法人間で株式持ち合いが進んで安定していた。

◎マスコミ「見せびらかしの満足」を煽る

この時代は、グルメや消費を自慢する、別荘や豪邸を見せびらかすという「見せびらかしの満足」というのがマスコミでもてはやされた。マスコミはそのようなライフスタイルのお金持ちを成功者として持ち上げ、派手な私生活を紹介した。

◎マスコミ「株は儲かる」と報道する

　1987年、NTT株が売り出されたころ、マスコミはさかんに「株は儲かる」と報道するようになった。「財テク」という言葉が生まれたのもこのころだ。多くの人が株を買い始めた。これでは風船に空気を入れ続けているのと同じである。

「財テク」とは、株、不動産、外国為替などで資産運用をすること、山一証券の倒産の背景になった損失補填（そんしつほてん）、違法な手法、数多くの著名企業が「損失補填」を受けていた。

◎日本政府、株と土地を「目の敵（かたき）」にする

　パンパンに膨らんだ風船は、いつか破裂する。とうとう、日本企業がアメリカの代表的なビルや映画会社を買い取るようになった。アメリカを刺激し、アメリカからいわれたと思う。日本政府のバブルつぶし政策は、異常といってもいい。土地と株を「目の敵（かたき）」にした政策がとられたのだ。あっという間に風船は大きな音を立てて破裂した。お金の「天国」は終わり、「地獄」の時代を迎えることになる。

ITバブルや住宅バブルが起こったアメリカ、減税や利下げを行い、風船の空気を徐々に抜き、ソフトランディングに成功した。米の財務長官は、歴代、ゴールドマンサックス社長など、投資銀行のOB、金融のプロだ。日本と違い「市場との対話」が十分に行われている。

◎一見、羽振りのいいお金持ち（「成金」と呼ばれた人たち）

お金の地獄に突き落とされたのは、一見、羽振りのよかったお金持ちだ。銀行の取り立てから逃げ回り、最後に、行方不明になったお金持ち。ストレスから、心臓病やガンなど病気で亡くなったお金持ち、自ら命を絶ったお金持ち、お金持ちの破綻は悲惨なものだ。お金の「天国」の時代には、金払いがよく、まわりからチヤホヤもされ、自信満々の顔で颯爽としていたが、一転してお金の「地獄」に突き落とされた。

「成金」といわれる人々、いくらお金があっても心が満たされない、暴飲暴食、「見栄」を張り、「散財」を繰り返す傾向がある。「散財」＝不必要なことにお金を使うこと。

お金のない人に返済を求めるのは辛いものだが、銀行員の大事なしごとである。有名老舗店のオーナーであるＹ氏の「バブルがなかったら、こんなことにはならない」「不動

産が上がるので、相続税が心配になり、税金対策として、安易に銀行からお金を借りたのがいけなかった。悔やんでも悔やみきれない」という言葉が今でも強く印象に残っている。先代から受け継いだ大切な事業をつぶし、資産だけでなく、妻や家族も失ったのだ。

浅草、江戸通りに面した土地、国、相続税の評価、大幅アップ：坪3百万円 ▶ 10百万円へ。日本のバブルは、国も大きく関与している。この老舗の社長もバブルの被害者、気の毒な人といえる。国が積極的に地価を引き上げていったのだ。日本の相続税は、国際比較で極めて高い。米、欧、中国では、この老舗の規模では相続税はかからない。

　バブル崩壊から30年、サラリーマン、年収、退職金とも大幅に下がる中、リストラや高値でつかんだ住宅ローンと戦ってきた。「失われた10年」▶「失われた30年」へ、経済学者からは「政策不況」ということばが飛び出すようになった▶アベノミクス10年を含む、この20年、給料や退職金が大幅に減り、消費税が上がったが、税金や社会保険料は大幅にふえた。財務省によると、税金＋社会保険料の国民負担率、20年前の年35.4％から年47.9％へ、5割近くになった。いわゆる5公5民だ。日本の通貨「円」も急落し、エネルギーをはじめ物価の上昇がはじまっている。

日銀の黒田総裁の前任者、白川元総裁は、今般のアベノミクスは国債マーケットを崩し、悪性の物価高を伴っている。「失敗だった」と論文をＩＭＦへ寄稿した。「日銀のバランスシートは膨れ上がり、利上げすれば手持ちの膨大な国債の評価損が発生し債務超過に至る。日本経済はメチャクチャになった」と主張した。

　バブル発生の役者は、企業である。サラリーマンは蚊帳（かや）の外、静観していた。

　ＮＴＴ株が売り出されるころから、サラリーマンも次第に株式市場に参入した。バブルの後半、日本経済新聞は、株価のピーク1989年「株式相場を読む」との社説で「現在の株価は割安かもしれない」と株の投資を煽（あお）った。このようなマスコミを信じて動くサラリーマンが、最後にバブル崩壊に巻き込まれた。

図表9 サラリーマンの特徴

お人好し
▼
マスコミ情報を
素直に受ける

付和雷同型である
▼
人と同じことをする

人生にシナリオがない
▼
国や会社のシナリオで
動いている

出典：『お金のプロ！銀行支店長が教える資産２億円の方程式』吉野誠／著

◎バブルの演出家は？ ▶アベノミクスと本質は同じ

そのころ、世間では知られていないが、各銀行で融資できる金額は日銀が決めていた。毎年、日銀が査定して、各銀行に貸出枠が振り分けられるのだ。「窓口指導」という。1985年、「プラザ合意」のころ、日銀は突然、各銀行に貸出枠の大幅増額を指示した。金利を下げて、融資の量を大幅に拡大するというものだ。アベノミクスも同じ発想だ。銀行は、金融当局に忠実だ。与えた貸出枠を余らすわけにはいかない。

銀行では、本部から各支店に「融資を貸し込め」との指示が飛んだ。業種は問わないとの姿勢だ。

大企業は、銀行から借りるより、バブルで上昇した高い株価を利用して、証券市場から直接、資金を調達するほうが安い。大手輸出企業は、貿易で稼いで、お金を一杯持っている。

銀行の貸出の大半が、不動産や建築のプロジェクト資金、株の購入など財テク資金に回った ▶ その結果、1987年〜1990年のお金の増加、マネーサプライは2桁の大幅な増加である。

「土地バブル」は、1985年、中曽根首相時代の国鉄の民営化で始まった。国鉄総裁の公邸が異常な高値で競売された。この価格が基準となり、東京から全国に地価の上昇が波及した。同じころ、国や地方公共団体が、公共投資など大規模な内需拡大を始め出した。これを後押ししたのが1986年4月に報告された「前川レポート」である。

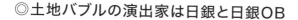

◎土地バブルの演出家は日銀と日銀OB

　前川春雄氏は、前日本銀行総裁だ。そのレポートで、国がドンドンお金を出して公共投資をすることを主張した。さらにバブルに拍車をかけたのだ。東京から神奈川、千葉、埼玉、さらに地方都市に地価の上昇が波及した。用途別では、商業地から住宅地へと拡大した。

政府は、世界中の金融を東京に集めるという「金融国際都市構想」、全国にリゾートをつくるという「リゾート構想」などの「大プロジェクト」も打ち上げ、地価上昇の期待をさらに高めた。官自身も第三セクターをつくって、積極的に土地を購入して事業を展開した▶日本の地価総額は、1985年末、1004兆円から1990年2389兆円と2.4倍になった。

「失われた10年」以降、問題になっているハコモノ行政、全国各地のリゾート構想の破綻、第三セクターの不良債権問題、多くの金融機関やゼネコン破綻、さらに厳しい状態にある国家財政の原因は、この時代にある。背後に、アメリカの意向があったと思うが、日銀と日銀OBが、土地バブルの演出家といわれるような積極的な行動をとったのだ。日銀が主導するアベノミクスも本質は変わらない。将来が心配である。

◎お金の「地獄」は予想できた

　バブルの後半、NHKでは、「サラリーマンでも簡単に家が買えるよう、土地の値段を下げる」と３日間の報道特集をやった。同じころ、大蔵省（現在は財務省）は、「不動産総量規制」といい、不動産にお金を貸してはならないという内容の通達を各銀行に出した。いわゆる行政指導だ。

　副作用を考えないで土地を下げれば、銀行や中小企業、サラリーマンはどうなるか。「サラリーマンは簡単に家を買うどころか、これから大変なことになる」——土地が下がれば、株も下がる。住宅ローンをはじめ、銀行融資の大半が不動産担保だ。「土地本位制」といってよい。この仕組みを変えないで、土地を下げたら将来どうなるかは、金融現場

では簡単に予想がつくことだ。バブルが崩壊しかけても「資産格差はけしからん」というマスコミに登場する学者の主張（わたしはあきれて聞いていた）を背景に「土地を目の敵（かたき）にした政策」が続けられた。「失われた10年」という資産デフレを経験することになる。

　「土地を目の敵にした政策」とは、図表10 の通りだ。

図表10 土地を目の敵にした政策

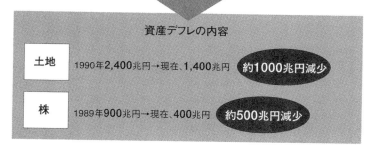

①監視区域制度	▶土地取引を届けさせ、その売買価格は行政の承認がいる制度
②不動産に対する税制の強化	▶1987年超短期重課税制度、1991年地価税創設
③不動産総量規制	▶不動産関連融資の制限。1990年に大蔵省から銀行に対しての通達
④日銀による公定歩合の引き上げ	▶1989年から5回引上げた。

資産デフレの内容

| 土地 | 1990年2,400兆円→現在、1,400兆円 | 約1000兆円減少 |
| 株 | 1989年900兆円→現在、400兆円 | 約500兆円減少 |

出典：『お金のプロ！銀行支店長が教える資産2億円の方程式』吉野誠／著

◎サラリーマンは去るのも地獄、残るのも地獄

サラリーマンは、当初は「そんなバカな」と静観していたが、バブルの後半には、「家は今、買わないと、一生、買えない」とマンションや住宅に飛びついた。

当時、銀行の社宅では、休みは「夫婦が住宅の物色」に行き、がら空きの状態である。

▼

その後、サラリーマンは、各方面でリストラが行われ「去るのも地獄、残るのも地獄」の状態だ。サラリーマンは、豊かさの実感がないまま、さらに困難が待っている ▶ 戦後、日本の経済成長を支えた年功序列や終身雇用体制が崩れる中、納税と社会保険の優等生として、国や地方の財政、そして、社会保険制度を支えなければならないのだ。

❹「鳥の目」を養う──下町の資産家D氏との経験から

大規模で長く続いたバブル崩壊の被害を最小限に食い止めることができたのは、「鳥の目」を持った人である。社会や経済の構造的変化を見抜いた人である。「鳥の目」は、実際に自分が現場を経験して肌で感じることから持てるようになる。

個別の知識や情報を「虫の目」、売買テクニックを「魚の目」と
すると、このような大きな変化を読む目を「鳥の目」と表現でき
る。

　いくら専門的知識を持っていても「鳥の目」をもってい
ない人は資産つくりでは、負け組に回った。「鳥の目」は、
経営者やサラリーマンのしごとでも要求されることだ。

家族、友人、しごと、地域、社会の絆から最高の情報ルーツが生
まれる。人のつながりから、将来を読む目、「鳥の目」が育つ。「鳥
の目」がある人は、よい人生を歩むことができるのだ。資産運用
で大失敗することもない。

　ここで事例をご紹介したい。

◎下町の資産家D氏

　下町の資産家であるD氏は、金属加工業を経営する一方、
東京湾の近く（浦安）に所有する膨大な土地に貸倉庫を持
ち、その倉庫は都心に近いことから、かなりの賃貸収入が
あった。土地など資産の知識が豊富で税金にも精通してい
た。資産の運用の相談にも乗ったりして、わたしとはなし
が合った。浅草から少し離れたところ、今の東京スカイツ

リーの近くに事務所と工場があり、銀行には、よく電話がかかってきた。自治会長もされた名士でもある。

　東京の歴史のはなしや下町のおいしいお店など連れていってもらった。息子さんが東大大学院を思い切ってやめ、会社に入ってこられたのでD氏は張り切っていた。息子さんには、「勉強になるからわたしたちの会話を聞くように」と言い、息子さんもわたしたちの会話を丁寧にノートに記録していた。D氏は、バブルで地価が大幅に上がり、相続対策として不動産を探していた。

◎不動産を見て意見を言ってほしい

　バブル崩壊前は、借金をして収益不動産を持つと、土地の相続税評価額が時価よりかなり低くなったので、相続税の評価額が下がり、節税効果が大きかった。

　不動産を見に行くとき、「不動産を見て意見を言ってほしい」と頼まれ、いつもD氏に同行した。東京周辺の不動産を検討したが、船橋市にある更地1700坪を50億円で買うことになった。D氏は通貨もよく調べている。資金は、金利が低く、ドルほど為替リスクが少ないスイスフランで、わたしの銀行から調達してもらった。

大きな不動産であり、「権利関係をすべてクリアして、開発許可がとれてから最終取引をした方がいい」と提案した。いっしょに何度も役所に行って、開発について協議した。お金は、2億円の手付金を払ったあと、2年後、開発許可がとれ、最終決裁をした。

その間、調達したスイスフランは、わたしの銀行に預金として預けてもらった。預金48億円は、バブル時代でも大きな金額だ。D氏は、駅から近く、立地のいい土地を手に入れたことで大変喜んだ。ショッピングセンターや24時間営業のゴルフ練習場など、高速道路のインターチェンジと駅に近いという、立地を生かした計画を検討した。

建築資金については、浅草の他の都市銀行や公的金融機関から、「協調融資に参加させてほしい」とわたしのところに頼みに来るようになった。

ところが、1990年3月、大蔵省（現在は財務省）により「不動産総量規制」が銀行に発動されたのだ。銀行で見たのは、本部からの一枚の通達だ。「銀行の不動産業種向け伸び率を融資全体の伸び率以下に抑え込む」が、その内容だ。当時、メーカーなどの資金需要は少なく、実質、不動産や建築資金には「お金を貸すな」という内容のものだ。同じころ、固定資産税、路線価など不動産に関する税金が大幅に引き上げられた。地価を下げる政策だ。

◎早く売らないと土地は暴落する

　「大変なことになる」と思い、すぐにD氏に会いに行き「土地をすぐに売った方がよい」「早く売らないと土地は暴落する」「何年かして下がってから購入を考えた方がよい」とアドバイスした。わたしは20年以上、株をやっており「潮の流れが変わる」ときは敏感だ。

　株はすでに1年前から下落しており、不動産バブルは、新たな政策をしなくても沈静化し、ソフトランディングすると思っていた。<u>この政策で、不動産はこれから「暴落する」と確信したのだ。</u>

わたしの不動産は、大半、売却が済んでいた。

　D氏は購入した土地を大変気に入っていた。「このような土地は売ると二度と手に入らない」となかなか売却を決断しない。その後、転勤したが、1年後D氏から電話があった。「やっぱり売ったよ」と声が弾んでいた。「金利や経費を差し引いても、少し儲かった。1億円位だ。大手マンション業者が買ってくれた」。それから5年後、D氏と会った。「あのとき土地を売っていなかったらとんでもないことになっていた。助かった」。

◎豊富な不動産知識を持っているだけでは不十分

バブルの崩壊では、多くの不動産の専門家を抱えている大手不動産業者や大手建築業者、そして金融機関が大きな傷を負った。この土地を高値で買ったのも大手マンション業者だ。不動産の専門家といえば、豊富な不動産知識を持っている。実はそれだけでは不十分なのだ。

むしろ、そんな情報を持っていなくても、<u>社会の変化、経済の構造的変化を見抜き、方向性を正確に見抜くことだ。わたしは、このような「鳥の目」を銀行のしごとや株の売買で身につけていた。</u>

◎地価は10数年間、底なしに下がり続けた

「下町の資産家D氏はわたしの言うことを信頼してくれた」。その後、金融現場では、不動産の買い手がなく、「どこまで落ちるか泥沼の状態」が続いた。予想通り、商業地の地価は鋭角的に下落した。都心でもピーク時に較べて10分の1程度になったところもある。

この時代、不良債権処理が銀行の生き残りの最大テーマとなり、銀行系大手不動産会社の幹部に異動した▶社長から君を取るために、銀行から二人の余分な人をとらされた、と言われた。

企業は、借金返済、手元資金の確保などのため所有している遊休資産の売却を急いだ。事業のリストラによって不必要となった寮、社宅、支店、工場跡地、本社ビルなどが聖域なしの方針で、換金を目指して、不動産市場に大量に放出されたのだ。さらに銀行の不良資産処理が、それに追い打ちをかけた。このような要因で、地価は10数年底なしに下がり続けた。

　ファイナンシャルインテリジェンス、収入と資産について基本的なはなしに戻ろう。

❺ 年収と資産は別物

　<u>お金持ちとは年収が多い人ではない、資産がある人をいう。役員クラスの優秀なサラリーマンでもなかなかお金持ちにはなれない。</u>次の通りである。

年収1200万円の手取り額は850万円〜880万円、月額71万円〜73万円（配偶者の有無や扶養者の数により手取り額は多少変わる）月に10万円の貯金が精一杯だ。30年間で3000万円程度の貯金だ▶「普通にやっていればお金は残らない」現場で聞くと、お金が残らない、と苦しんでいる人が多い。

　収入が多くなると、それに比例して支出も多くなる。サラリーマンの税金や社会保険料は、収入が多くなるほど高

くなる累進税率である。収入が増えても、手取りはそんなに増えないのだ。日本では、地位が上がり、収入が多くなると、必要経費も多くなる。立場上、服装などコストもアップする。サラリーマンで収入が多い人は納税優等生、資産がある人というわけではない。年収1000万円以上、全国で4.6％、資産は意外と少ないという調査結果もある。経験では、資産家は、不動産など資産を活用して、目立たないように息をひそめている人が多い。65歳以上の高齢者が大半だ。親の財産を受け継ぎ、高額の住宅ローンを抱える人は少ない。

ノーベル賞を受賞したプリンストン大学の心理学者ダニエル・カーネマンの大規模な調査では、年収850万円程度まで、収入の増加に比例して、幸福度は上がっていくが、そこから横ばい、さらに年収が上がると、幸福度は下がっていくという、厚生労働省や大阪大学の調査でも同じような結果が出ているようだ。

収入が高い人たちは、責任が重く、他の人たちより気が張っており、楽しむための活動に費やす時間が少ない。「上にはあがりたくない」という若者や日本の50歳以上の管理職の幸福度は極めて低いという寂しい調査結果もある。

年収が2倍になっても幸福度はたった9％しか上昇しないという科学的研究結果もある。

◎貯まったお金を現場の情報で増やしていく

　お金を貯める習慣が身に付いている人は、貯まったお金を働かせるという夢が膨らむ。

　銀行員は、しごとで多くの人と会い、社長のはなしなどを直接聞くことができる。現場も見ることができるのだ。しごとは収入を得ると同時に「投資情報」に接する機会が多い。貴重な現場の情報は、お金を貯める習慣を身につけた人しか、使えないのだ。いい株を見つけても、お金がなければ買えないのだ。

▼

　銀行のしごとでは、一方では、情報収集や企業の調査活動として貴重だ。新鮮な情報を得ると嬉しくなる。早朝４時の学習を習慣にして、感性を磨く努力を心掛けた。常に現場にいて、現場を知り尽くさないとほんとうのことはわからないと思っている。新規大手企業にもドンドン訪問して、ビジネスマッチングなど提案営業を行い、取引を獲得した。楽しい思い出になっている。

　アフターファイブは、異業種交流、大手商社や鉄鋼、電機、化学のメーカーなど同期が集まり、東京・浅草や大阪・淀屋橋などで情報を交換した。有意義な時間を過ごした。

❻ 目先の利益より 10 年後の財産

　サラリーマンは資産づくりで、プロや自営業者に比べて、収入が安定しているという強みを生かしていない。「サラリーマンだからこそできる、長期的な視野に立った蓄財をする」──これが原則だ▶金融資産、株、不動産を「これから来る波」に対して上手に合わせていく。サラリーマンは、安定収入がある。あせることはない。株価の方向がはっきりしないときは、無理をしないで休む。

　10年続く、アベノミクスの最初の１年、株価６割上昇、売却して、その後、ほとんどやっていない。

```
今後、株は「要注意」、安心できないと思っている。
```

◎目先の利益より10年後の財産を考えて組み立てる

　20歳 ▶ 30歳、30歳 ▶ 40歳、40歳 ▶ 50歳、50歳 ▶ 60歳と10年先を考え資産づくりをする。資産運用は、いちかばちかの目先の利益を目標としたものではない。わたしが使う「鳥の目」は、このように先を見た考え方だ。資産運用で注意していることは 図表11 の通りだ。

図表11 資産つくりで特に注意していること

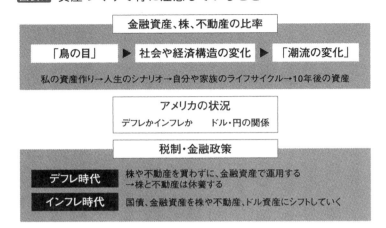

出典：『お金のプロ！銀行支店長が教える資産２億円の方程式』吉野誠／著

◎目先の利益にとらわれない資産つくり

　大半の人が投資でお金を増やすどころか、減らしている。たまたま大儲けをして、それで人生を狂わす人が大半だ。株は、はじめたときに、儲けた人の方が怖い。宝くじに当たったようなものだ▶バブル時代、株をはじめた人が「宝くじ」にあたり、最後に大きくやられた。▶しかし、攻撃は最大の防御だ。守るだけの発想では、これからのインフレリスクや、カントリーリスクには耐えられない。世界は（日本はアベノミクスで）、長いデフレ時代からインフレ時代へと潮流は変わった。

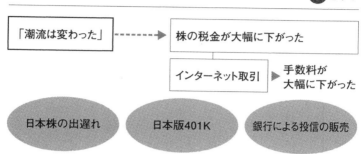

図表12 世の中の流れを見る

インフレ時代の借金 ▶「債務者利益」▶ お金を借りている人が(得)をする

デフレ時代の借金 ▶「債務者損失」▶ お金を借りている人が(損)をする

「潮流は変わった」 ┄┄┄▶ 株の税金が大幅に下がった

インターネット取引 ▶ 手数料が大幅に下がった

日本株の出遅れ 　　日本版401K　　銀行による投信の販売

出典：『お金のプロ！銀行支店長が教える資産２億円の方程式』吉野誠／著

バブルの崩壊では、多くの株や不動産の専門家がやられた。「株や不動産の単独の知識」では勝てないことも証明した。資産運用の基本は、金融資産（預貯金）、株、不動産のバランスある組み合わせである。

◎インフレに転換、国債の動きに注意しよう

　ドルが今後どうなるかも気になる。アメリカの膨大な双子の赤字（財政・貿易赤字）でドルが暴落する可能性もある。日本の財政破綻で円が暴落する可能性もある。ドルは、基軸通貨といわれ、世界中で通用する通貨だ。日本や中国などがドルを買い支えている。

アメリカの軍事力は強大だ。アメリカの政治力などから判断すると、簡単にドルが暴落するとは考えられない（1985 年プラザ合意のように意図的なドルの切り下げはあるかもしれないが）。円が下がるときは暴落の可能性がある。

　仮に国債の暴落が起こり、円が暴落しそうになれば、いち早く、円資産をドルや資源国通貨など他国通貨や金、現物（穀物・原油のＥＴＦ）へシフトする必要がある。国債の動きに注目して、これからインフレ傾向か、デフレ傾向かを判断して、円資産とドルなど外貨資産のバランスをとっていくことだ。

❼ 株の傾向と対策〈株運用の注意点〉

　株は、経済や金融の教科書通りには動かない。最近は、むしろ教科書の反対に動くことも多い。長らく上昇傾向が続いても、株の大暴落は突然やってくる。証券など金融マンも会社方針に従うことで精一杯だ。ギャンブルのような株の売買で大儲けした人のはなしも参考にならない。わたしの株の傾向と対策をわかりやすくまとめた。次の図表になる。

図表13 株の傾向と対策

傾　向	対　策
① 株価は需給関係で決まる。企業の実態をよく反映していない。中長期で考えると実態に近づく。	割安に放置されている株を買う。
② 株はハイリスク、ハイリターンだ。常にリスクがあり、東京電力のように予想外なことで暴落する。	一部の銘柄に集中しない。
③ リーマン・ショックなど、いろいろな問題で全面安（すべての株が下がる）になることがある。	狙っている株を買うチャンス。
④ 新聞記事などメディアに大きく出たときはその株の天井（一番高いとき）の場合が多い。	保有株の売却を考えるとき。
⑤ 長期間の株式投資を考えたとき、経済や金融の知識より、自己コントロールのような精神面の強さ、人の心理を読むような力が要求される。	常に冷静に、上がる前に先回りをする。
⑥ 人の心理として最初は慎重、儲かると大胆になり資金を増やして行く傾向がある。途中儲けて、最後にドスンといく人が多い。	株の運用限度を設定する。
⑦ 株はいつでも買える。	前進、撤退、休養の３つをうまく使い分ける。
⑧ 株は一般的に下がるときは長く、突然、上昇する。	上昇時に飛びつくのは「天井」を覚悟して買う。
⑨ 企業内容を知る方法として「会社四季報」や「会社情報」がある。会社発表をベースにしている。	業績予想など鵜呑みにしないこと。
⑩ プロといわれるファンドマネージャー（サラリーマン運用者）は横並び意が強い。同じ行動をとる傾向がある。人気株は買いがとまると急落する。	人気株は要注意。
⑪ マーケットの参加者は70％以上が外人、アメリカ市場と連動する。	アメリカ市場の動きを見て戦略を立てる。パソコンで夜間取引を空けると詳細がわかる。
⑫ 機関投資家や外人が多く持っている国際優良株は個人が頻繁に売り買いする株ではない。	長期投資、インフレヘッジとして保有する。
⑬ 個別企業だけでなく、経済や金融、政治などいろいろな要因で株価はつくられる。	森と木の両方を見る。
⑭ 上場会社でも倒産する。	何かおかしいなと思ったら、ロスカットする（損して売る）。
⑮ 投資信託は株価の高いとき（人気のあるとき）に大量募集することが多い。	いっぺんに買わない。購入するときはよく考える。

出典：『マイナスをプラスに変える倍返し資産運用ライフ』吉野誠／著

❽ 不動産投資のポイント〈マイホームの注意点〉

◎不動産融資のポイント

　金融機関が融資してくれる金額ではなく、「支払能力の限度」が目安となる。ここが不動産融資のポイントになる▶わたしは、不動産は地価の下落や、空室のリスクがあるので、借金は不動産価格の50％以内を目途とした。自己資金は株の売却代金をあてた。融資の金額だけでなく、返済が長期にわたるので金利の変動にも配慮した。現在、異常な低金利なので、10年平均で、かなり高く見る方が安全である。図表14 で不動産投資のポイントを説明すると①〜④である。

図表14 不動産投資のポイント

ポイント①

■銀行の姿勢で不動産価格は変わる

銀行か不動産に積極的にお金を貸す	不動産価格は上がる ⬆
銀行が不動産にお金を貸さない	不動産価格は下がる ⬇

■銀行の貸出金利と家賃の関係

銀行の貸出金利が下がる	家賃が下がる ⬇
銀行の貸出金利が上がる	家賃が上がる ⬆

出典：『お金のプロ！銀行支店長が教える資産2億円の方程式』吉野誠／著

ポイント②

■目一杯借りてはいけない

借金は不動産価格の50％が目安	自己資金50％
金利は「10年間平均」、2％程度で見る （ゼロ金利政策はいつまでも続かない）	空室率も考える

■不動産は時代とともに変わる

かつての不動産	土地神話　土地本位制 ➡借りるより保有するほうが有利　値上がり期待　長期の視点 ※少しでも早く買ったほうがよい。保有していると節税対策にもなる。
今後の不動産 の考え方	土地神話の崩壊 ➡利用価値や収益性の重視　価格変動リスク ※必要時に取得すればよい。マイホームは借りることも考える。

出典：『お金のプロ！銀行支店長が教える資産2億円の方程式』吉野誠／著

ポイント③

■株と不動産の関係

■損益通算の仕組み

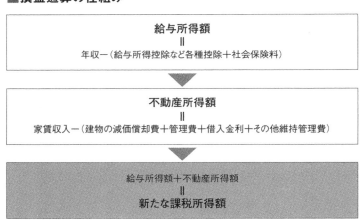

給与所得額
=
年収ー（給与所得控除など各種控除＋社会保険料）

不動産所得額
=
家賃収入ー（建物の減価償却費＋管理費＋借入金利＋その他維持管理費）

給与所得額＋不動産所得額
=
新たな課税所得額

ポイント 不動産所得は、収支がプラスでも、
経費に加えて減価償却費や借入金利を引くと、通常マイナスになる。

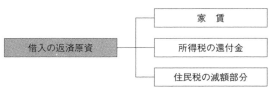

借入の返済原資	家　賃
	所得税の還付金
	住民税の減額部分

出典：『お金のプロ！銀行支店長が教える資産２億円の方程式』吉野誠／著

ポイント④

■買い時を誤らないように！

デフレ時代に借金をして不動産を買うのは ➡「自殺行為」

> **収益不動産購入の留意点**
>
> ☑ 借金で買うのはデフレを脱却してから
> ☑ 年齢では30歳後半←シングルなら若くてもよい
> ☑ 年収が多いほど、節税効果が高い

■無理のない返済プランを！

> **収益不動産の借入の留意点**
>
> ☑ 借入金額は期間10年以内に家賃で返済できる金額
> ☑ 返済期日は定年退職になる60歳を超えてはならない

出典：『お金のプロ！銀行支店長が教える資産2億円の方程式』吉野誠／著

不動産が高いか安いかを判断するときは、公示価格を参考にする。「10年間をグラフにして、トレンドで見る」ようにする。次に、役所などを利用して、地域の開発計画、地域の評判、地域に住んでいる人の所得水準、学校のレベル、人口の増減など詳細を調べる。地域の賃貸状況なども、「点」ではなく、「線」で調べる。行政が破綻寸前の地域は避ける（最近多くなっている）。若者が多い地域は将来性があるが、高齢化の地域も避けるとよいだろう。

〈マイホームの注意点〉

◎わたしのマイホームの考え方

　近くに緑があり、駅まで平坦な道を歩いて行ける。文化的な香りがあり、スーパーや病院、図書館も近くにある。都心にも近い。このような土地を探して、家を建てた。近くには、立派な森林公園、宝塚歌劇や有馬温泉、六甲山があり、芦屋、西宮には洒落た店が多い。このように家の大きさなど「量」より、家のまわりを含めて「質」を重視した。

◎マイホームはライフサイクルとよく相談すること

　東京で3回、大阪で1回、現在住んでいる宝塚を加えると5回、新しいマイホームに住んだ。しごとでも、いろいろな家庭に入った。マイホームの知識について、専門家には負けないと思っている。むしろ、わたしのような経験をした専門家はいないと思っている。

> 経験を通じて感じたことは、多くの人が、マイホームは大きな買い物なのに、ほとんどマイホームに関しての知識がないということだ。知識とは、家そのものの知識だけでなく、ライフサイクル、人生設計に関する知識が少ない。マイホームが人の人生を大きく狂わせてきた。

◎マイホームは資産つくりの劣等生

さらに資産つくりからいうと、マイホームは、資産つくりの劣等生といっていいだろう。サラリーマンで、住宅ローンを目一杯借りてマイホームを買った人は、一生まとまった資産はできないと思う。住宅ローンの返済に追われるだけの人生になるだろう。

図表15 マイホームが劣等生な理由

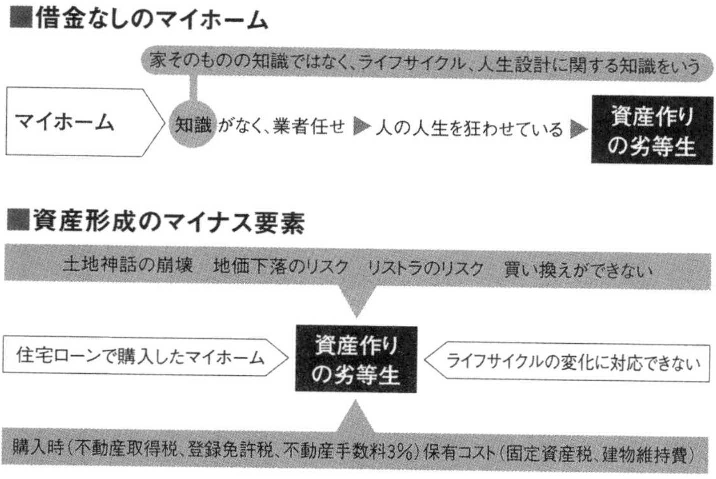

■借金なしのマイホーム

家そのものの知識ではなく、ライフサイクル、人生設計に関する知識をいう

マイホーム ▶ 知識 がなく、業者任せ ▶ 人の人生を狂わせている ▶ 資産作りの劣等生

■資産形成のマイナス要素

土地神話の崩壊　地価下落のリスク　リストラのリスク　買い換えができない

住宅ローンで購入したマイホーム ▶ 資産作りの劣等生 ◀ ライフサイクルの変化に対応できない

購入時（不動産取得税、登録免許税、不動産手数料3％）保有コスト（固定資産税、建物維持費）

出典：『お金のプロ！銀行支店長が教える資産2億円の方程式』吉野誠／著

図表16 マイホームの賢い建て方

①家族の20年から、さらに将来を考えて場所や建て方を考える。

②将来自分が住みたいところに土地を買い、最後に自分が一生住める家を建てる。老後になっても困らない構造と、親の世話にも支障のないところを選ぶ。

③維持管理がしやすく、機能性、防犯と通風、日当たりを重視する。大きな家の庭が高齢化で荒れ果てていることが多い。ガーデニングの方法なども検討する。防犯対策、通風、日当たりを最優先する。

④建築中のマイホームをよくチェックする。阪神大震災の教訓として手抜き工事が多かったので、基礎や柱の補強のチェックは入念にする。いざ売る時の価格に影響する。

⑤地震対策を考えよう。阪神大震災では家具、絵画、骨董品などが凶器になった。備え付け家具など収納を重視して、室内にモノをできるだけ置かないようにする。

出典：『お金のプロ！銀行支店長が教える資産２億円の方程式』吉野誠／著

❾ 外資＆金融機関の餌食（えじき）にならない

　投資の世界で大切なことは、アメリカ発の「マネーゲームの仕組み」を知り、それに巻き込まれないようにすることだ。外資や金融機関の餌食（えじき）にならないようにすることだ。

　実は、わたしは、2008年９月リーマンショックもバブル時代と同様、事前にうまく回避した。アベノミクス、世界的な金融バブルもすでに売却した。

◎マネーゲームの仕組み

　マネーゲームは、簡単にまとめると、IMF、FRB、世界銀行、格付機関、投資銀行、ヘッジファンド、投資銀行に所属するアナリスト、マスコミなどで構成されている。

米、FRB は、中央銀行の性格を持っているが、私的機関、格付機関も含めて投資銀行（バックは国際金融資本）の影響を受ける。日本のバブルが弾けるころ、一方では好景気に沸くアメリカ、2001 年３月ナスダックやニューヨーク証券取引所に見学に行ったが、日本マネーの呼び込みに躍起になっていた。

　IMF、世界銀行は、アメリカの意向に左右される。アメリカの金融戦略の中で、ヘッジファンドなどは、「金融兵器」といわれ、マーケットでは怖がられている。リーマンショックの背景になったサブプライム問題では、信用力の低い住宅債券にトリプルＡをつけた格付機関の無責任ぶりが非難されたが、何の法的措置も受けていない。

正確な金額はわからないが、バブル崩壊後、日本の大きな「富」がこの仕組みで欧米に渡ったといわれている。欧州最大のヘッジファンドで、日本株運用を担当する友人は「ユダヤグループに徹底的にやられた」といっていた。

◎株は前進・休養・撤退の組み合わせ

　アメリカのある大手証券会社が30年間の株の売買で利益を上げた顧客を調査したところ、一番は養豚業の人である。その人は、子豚を大きくして売っているという。不景気になると豚肉の値段が下がり、エサ代など、もとが取れなくなり、仕方なく、子豚を買うお金で株を買っていたのだ。企業のことはわからないので、利回りのいい株のバスケット（分散して）買いをしていたという。景気がよくなると、豚肉が売れるので株を売って子豚を買い、株は休養しているのだ。証券会社の調査マンが、株で勝つ秘訣をしつこく尋ねると、「わたしのしごとは養豚業だ」と怒り出したという。

養豚業の人と同様1990年にすべての株を売り、2002年から株を再開した。11年間、株の休養というより休眠状態に入っていた。「休養」しているときは、人生の大事なことに専念して、株を忘れるようにした。わからないときは休むことだ。

◎年齢ごとに株に回すお金の範囲を決めておく

　グローバルなマーケットの対策は、常に休むことを考え、次の仕込みに備えて、預貯金として手元に置いておくことだ。株に回すお金の範囲を決めておくことだ。これが守れない人は、株をやめた方がよいと思う▶グローバル化が進

み、世界で、何が起こるかわからない、株で勝ち続けることは不可能である。日本のバブルで説明した通りだ。

図表17 株に回す範囲の目安

■年齢別「株」の割合モデル	
30歳まで	金融資産の **7**割
30歳〜**40**歳まで	金融資産の **6**割
40歳〜**50**歳まで	金融資産の **4〜5**割
50歳〜**60**歳まで	金融資産の **3〜4**割
60歳以上	金融資産の **2〜3**割

この比率は、インフレ局面では、各々1割程度、株の比率を増やす。
これは、私が資産作りで目途としてきた株の比率である。現在も、しっかりと守っている。

出典：『お金のプロ！銀行支店長が教える資産2億円の方程式』吉野誠／著

> 常にキャッシュ（預貯金）を持ち、株はバーゲンセールに買おう。
> 余裕を持って預貯金を持っているとバーゲンセールや証券会社の
> 店頭閑散のときに株に参加できる。

　株や不動産に資金を集中していると、グローバルな市場経済の次の変化についていけない。腹いっぱい、信用取引で株を買っている人が、突然、株の暴落があったらどうな

るか、証券マンに聞けばわかることだ。サラリーマンが株を買うのは退職金をもらったときではない▶突然の暴落、みんなが売っているときは、最初は少し下がり、少し怖いが、長い目で見るとこの方法の方が、リスクが少なく、リターン（儲け）が大きい。

❿ 「世間」や「他人」に流されない

人生後半の運用の失敗は致命的と思っている。

多くの人が人生後半にやられている。後半の運用資金は、極力おさえた。さらに運用の幕を閉じたのは、アベノミクス初年度、株価が急騰（6割上昇）、アベノミクスの一番おいしいところをとったこと、アベノミクスの限界（出口戦略の目途が立たない）を知っていること、人生で株や不動産で勝って卒業する人が極めて少ないことを知っているからだ。最終的に、ほとんどの人が損をして退場しているという。

医学的にも65歳ごろから認知機能が急激に落ちるといわれている▶知人の大手証券会社OBで各地の支店長や法人部長を務めた人は、「株は怖い、ほんとうに株で儲けてきたのか」と。株で勝って終わる人は、数％といわれている。

もと法人部長、大阪・梅田、わたしが講師をした資産家向け株の講演会に、予告もなしに参加されたことや、株を教えてもらったのでと、大阪、心斎橋で食事をご馳走になったこともある。広島支店長時代、ブラックマンデー、午前中、ボードに株価が表示されず呆然（ぼうぜん）としたこと、何度も聞いた。トラウマ状態のようだ。退職後、株は怖くて一切やっていないという。

◎高齢者がプロのカモになっている

　今の株価は、過去の成長経済のような安定した株価ではない、金融自由化、先物取引、複雑な手法を使い、外人（プロ）が中心に株価は乱高下を繰り返している。

　7割近くは、膨大な投資を伴うシステムを駆使した自動売買といわれている。

友人で、世界的なファンドマネージャー、10年前に亡くなったが、生前、「ファンドマネージャー仲間がいなくなった。心臓などやられて死んでいった」と寂しそうに言っていた。

　わかりやすくいうと、「株は勝つのは簡単、勝ち続けるのが難しいのだ」「必ず大きな暴落に会う」。

彼の心残りは、バブルで親に大損させたことだ。仮に株に勝っても人生で勝つのは不可能に近い。株の依存症、まわりからも嫌われる、人生で大事なことができない、身体に悪い、性格が変わるなど副作用は多い。1日中、パソコンの画面を見ている人、しごととはいえ、気の毒な人だと思っている。

高齢者は、株(頻繁に売買を伴う取引)をやらない方がよいと思う。65歳前後（わたしは67歳）で勝ち逃げして、気分良く卒業する。後は、家族のため、人のため、社会のための「天職」に打ち込む、「マルチステージ」を楽しむ。わたしはこのスタイルでやっている。

日本証券協会によると、株式投資家（日々売り買いしている人）の年齢は大半が高齢者、60歳以上が70％を占めている。彼らの年収は300万円未満が45％、年収500万円を合わせると7割を超えるという。

　日本では、資産家は意外に株式投資の売買をしない。他の資産とバランスをとりながら長期投資が中心である。証券会社の自己売買、機関投資家やヘッジファンド、一流の投資家がひしめいている。個人投資家、特に高齢者がカモになっているようだ▶上昇トレンドのときは、だれでも儲かるが、いつか大暴落がある。日本バブルで検証は済んでいる（儲けたのはユダヤグループだけといわれている）。

株式投資をしている（売り買いをしている）何割の人が損をしているのか、9割の人が損をしているという話も証券会社のOBから聞く。

> 金融庁、金融機関の「回転売買」に関心を持っているという、何度も解約させて（損をさせ）、金融機関が手数料を稼ぐ手法だ。仕組債（EB債）も大損している人が多く、問題になっている。

　アベノミクス、この3 ～ 4年に新規で株や不動産に参入している人は、今のところプラスになっているかもしれないが、かなりのリスクを抱えているともいえる。

図表18 株式投資4つのパターン

ヤマ師	値が上がると思ったときに買うギャンブラー	▶ 理屈では理解できるが特急電車に飛び乗るようなもの
投資家	長期的な収益を求める人	▶ これがまともな運用
ファイナンシャル・プランナーや証券会社の営業マン	会社の儲けのためだけに動くセールスマン	▶ このような人に相談してもうまくいかない
市場の敗者	たくさんの人々がいる	▶ 高値で買ってくれる負け組

出典：『金持ち父さん、貧乏父さん』ロバート・キヨサキ／著

◎「マスコミ情報」に注意する

　多くの人が「マスコミ情報」に翻弄され、バブル崩壊の
被害を受けた。ここに一つの教訓がある。資産をつくろう
とするなら、「マスコミ情報」の裏にある「本質」をつかむ
ことだ。日本社会は「劇場型社会」といわれている。

図表19 「マスコミ情報」に注意するには

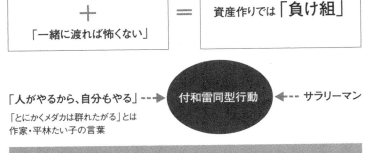

出典：『お金のプロ！銀行支店長が教える資産2億円の方程式』吉野誠／著

仕掛けているのは、多くの場合、政治家や官僚、経済人で、国民は観客だ。多くの国民がそれを信じて動くが、たいていは失敗する。金融情報をはじめ、「本当の情報」が伝わっていないのだ。「官」にとって都合のよい情報が氾濫している。

このような情報をもとに将来を判断すると、とんでもないことになる。日本経済の指針を示す「経済白書」（現在は「経済財政白書」）もあてにならない。バブル崩壊過程の不良債権について、一部の内容を拾い上げてみよう。

図表20「経済白書（現・経済財政白書）」のうそ

1991年	「不動産業界の倒産が、銀行にとって大きな損失になる状況にはない」
1992年	「不良債権は都市銀行、信託銀行、長期信用銀行で7兆～8兆円である。不良債権問題が銀行経営にとって危機的な問題でないことがわかる」
1993年	「共同債権買取機構の設立で、国民の金融システムの不安は解消されつつある」
1994年	「不良債権の増加が大きく鈍化しており、不良債権に対する対応力の強化が図られている」
1995年	「不良債権残高は95年3月末で12.5兆円と93年末13.8%をピークに減少している」
2000年	「不良債権は、ほぼ峠を越したと考えられる」

出典：『お金のプロ！銀行支店長が教える資産2億円の方程式』吉野誠／著

このような「経済白書」の内容を見ると、不良債権は問題なく解消に向かい、長らく「平常時」のようだ。その間、「お金の世界」では大変なことが起きていた ▶ 1997年北海道拓殖銀行、1998年長期信用銀行、日本債券銀行が不良債権で破綻し、2000年には、りそな銀行が国有化された。今なお、余波が続き、現役世代を苦しめている。

余波が続き ▶ 株価はバブル時代の高値を更新していない（ドル換算で見ると円安で何も上がっていない）。
地価は、上昇したのは都会の一部だけ、地方を中心に今でも下落している。対して、この30年、国の借金は膨大なものになっている。国民の収入は減り、税負担は増大している。

　今、一流大学卒、一流企業のサラリーマン（銀行員も含む）は総じて厳しい弱い立場にある。過酷な競争社会、定年延長があっても、いずれ派遣並みの年収になる。経営は「終身雇用は無理だ」と言い出した。今後、年金も減額が続くだろう。世界年金制度ランキング、日本は35位と厳しい。

サラリーマンは貧困との隣り合わせ、マイホームやクルマのローン、こどもの教育、一歩まちがえば「借金地獄」の可能性もある。「ファイナンシャルインテリジェンス」の獲得は極めて重要である。

〈参考〉世の中の仕組みが分からないと、お金は増えない。
人生で大切なことは、お金の流れをつかむことだ。お金が自分の
ほうに寄ってくるようにしなければならない。ひとつ大きな問題
がある。「官」と「民」の問題だ。長年にわたってお金のしごと
をしていると、お金を通して世の中の仕組みや人間の本当のとこ
ろがわかってくる。つまり何事にも、常に裏と表があるというこ
とだ。

日本には2つの国がある。「官」と「民」という国だ。同じサラリー
マンでも「官」の国のサラリーマンにはリストラはない。「民」
の国のサラリーマンにはリストラもあり、残業代を自らカットし
ている人も少なくない。マスコミに登場する人は現在の体制を守
りたいと、「官」の側に立った人が多い。「大変だ」と不安を煽る
が、「それでは、どうする」という具体的な処方箋の提案はない。
それが「民」の国のサラリーマンを、ますます不安にさせている。

不安を煽るのは、何か目的があると考えた方がよい。「民」から「官」
へのお金の流れを変えたくない。「税金」や「社会保険料」を使っ
て、「民」からさらにお金を取り上げようとする意図が隠されて
いるのではないか。5公5民、収入の約半分が税金と社会保険料
だ。ガソリンの約5割、ビールの約4割、食料品や衣類など生
活必需品にも消費税が課税される。バラマキが続く国や地方の財
政状況を考えると、さらに厳しくなるだろう。

健全な不動産投資など「節税対策」や「新たな収入源の確保」が
必要となる。「貯蓄力」、「投資力」のレベルアップも緊急課題だ。

「シンプル化」で
ライフステージを構築する
～ムダを無くして自己実現につなげる～

❶ 京都にヒント──減らすことが快感

　わたしが育った京都には東京とは違う世界がある。京都には科学と宗教、哲学があるのだ。古い歴史を持つ京都だが、世界的なハイテク企業や多くのノーベル賞受賞者を輩出している。秋になると、京都のお寺は大変な賑わいとなる。モミジの綺麗な永観堂、清水寺、ライトアップされたお寺は長蛇の列だ。

火祭りや牛若丸、鞍馬天狗で知られる鞍馬山の麓にある貴船神社は鴨川上流、貴船川近くにあるため、全国2000社を超す水神様の総本宮として仰がれている。京都の最強のパワースポットとして鞍馬寺、貴船神社ともに、心身を活性化させ、心が癒される場所として、長年、お世話になっている。

　東京時代、１年に何回か京都に行かないと落ち着かない。真っ白なユリカモメが飛ぶ鴨川や哲学の道を歩く。京都のお寺もよく見に行く。早朝、うす暗いうちからお寺の多い東山を歩いてまわる。お寺にはシンプルで心豊かな世界がある。建物は古いが、よく手入れされた素晴らしい庭があ

り、四季折々の景色が楽しめる。こうして、仏教の世界に身を置いていると、いつも何かヒントが得られる。新しい発想が湧いてくるのだ。

◎より少ないことが、より豊かなこと

比叡山の借景で有名な京都の北にある円通寺に行ったとき、ご住職に「よく手入れされた庭ですね」と話しかけたところ、「庭を何十年も同じ状態にするのは、大変ですよ」という答えが返ってきた。円通寺の近くには母校がある。こうして、京都を人生のカンフル剤に使ってきた。

いつも変わらない風景を見ていると、経済成長といって「大量生産、大量消費、大量廃棄」を繰り返す社会が悲しくなる。モノと同じように人も粗末にしているのだ。京都に行くと「より少ないことが、より豊かなことだ」という「逆の発想」が生まれる。

◎「欲望の資本主義」から「禅的資本主義」へ

京都・祇園にある建仁寺など禅寺にも寄り添っている。お寺にお会いすると心が洗われる。資本主義の行き詰まりから、仏教の一派「禅」が、世界に広がっている。「禅」は欧米人を魅了し、多様なビジネスと結びついている。

パンデミックもあり、ミニマムな「ライフスタイル」のためにムダを削り落とした禅的な商品が注目を集めている ▶ 「欲望の資本主義」の限界を感じた欧米の富裕層がその対極にある「禅的資本主義」に注目をするようになった。

◎減らすことが快感

「お金の世界」では、お金やモノを少しでも増やそうとする人がたくさんいる。人として欲があるのは自然かもしれない。しかし、増やすことばかり考えている人こそ、実はいつか人生が破綻する可能性が高い。

資本主義は、バブルとバブル崩壊の繰り返しなのだ。お金を人生の目的にしていると、いずれ行き詰まる。「人生で大事」なことをしていると、お金の方から寄ってくる。

「シンプルに生きる」とは、自分にとっていらないものを取り除いていくと、余裕が生まれ、「物事の本質」が見える。心も豊かにする。素晴らしい生き方である。身体に例えると、肥満体から、ダイエットを経て、素晴らしいスリムな身体になることだ。

若いころは給料やボーナスだけでなく、株で儲けたお金も気前よく使った。「夜の接待」も多く、東京、大阪、名古屋、神戸、京都の有名なお店はよく知っている。ところが、バブルを経験して、「何かおかしいな」と思うようになった。

そして、京都を思い出した。すぐに京都に行った。

シンプルできれいに手入れされた庭をじっと見ていると、名古屋時代、「５Ｓの優等生」、トヨタの工場を思い出した。５Ｓとは、「整理・整頓・清掃・清潔・しつけ」をいう▶「京都で行こう」、「重い荷物をおろして軽くしよう」。

長年、親しんだ株をすべて売った。将来、楽しみにしていた東京の５つの不動産のうち４つを思い切って売った。バブルの後半だ。うまく暴落から逃れたのだ。

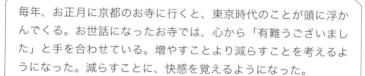

毎年、お正月に京都のお寺に行くと、東京時代のことが頭に浮かんでくる。お世話になったお寺では、心から「有難うございました」と手を合わせている。増やすことより減らすことを考えるようになった。減らすことに、快感を覚えるようになった。

❷ シンプル化——何もかもうまくいく

多忙なしごとと介護を両立させるために、５Ｓを使い「シンプル化」を徹底した。すると、いろいろな発想が浮かんでくる、次第に何もかもうまくいくようになった。「シンプル化」が進むと時間ができる。気持ちも軽やかになり、前向きになる。妻も手が空き、介護では大きな戦力になる。気

Chapter 03

111

持ちや性格まで変わる。不思議にストレスを感じなくなる。

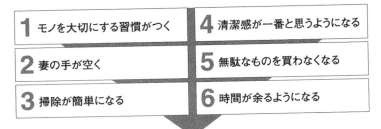

図表21 「家庭の5S」の効果

1 モノを大切にする習慣がつく	**4** 清潔感が一番と思うようになる
2 妻の手が空く	**5** 無駄なものを買わなくなる
3 掃除が簡単になる	**6** 時間が余るようになる

その結果、家庭がローコスト体質になる

出典：『お金のプロ！銀行支店長が教える資産2億円の方程式』吉野誠／著

《関西で帰りが一番早く、業績がいい店にする》
銀行の支店では、バブル崩壊の大波を受けて、夜遅くまで働いていた。わたしは、早朝から、親の介護をしている。早く片づけて帰らなければならない。時間がない、自分で、行員のしごとの内容を見直した。営業の訪問予定表、事務関係も、予定表を提出させ、結果をチェックした（営業は予定表を見てフォローアップした）。非効率業務が伴う取引先には、わたしが行って、お願いして、改善させた。店舗周辺の清掃や金庫の中の整理・整頓も徹底した。

6カ月後には、行員の帰りが、夜11時が6時すぎに、1年後、関西で帰りが一番早く、業績がいい店に生まれかわった▶企業の新規獲得が年間150社のハイペース、「シンプル化」が効果を発揮し、「前向きの活動」が増えた。

30年経過した今、着任するとき廃店候補の店は、立派に新築され、役員がでる素晴らしい店になった。当時の新入行員2名は、銀行の部長、首都圏大型店の支店長に立派に成長している。

❸ 清潔感が一番——古い親の家が生き返る

　親が住んでいる実家を介護しながらリフォームを自分でやってみた。大変だがやりがいがある。両親が元気で長生きしてほしいという願いもある。しごとと介護との気分転換になった。具体的なやり方を紹介しよう。

床や建具、柱を磨きながら補修をした後、和ニスを塗る。古くなったブロック塀は、下から五つぐらいのブロックを残し、アルミのよろい戸を上につけ、下のブロックは塗装する。門柱も同様に塗装をして、上に円い落ち着いた門灯や来訪者がわかるインターホンなどをつける。アプローチは、セメントが劣化していたため上にタイルをはる。お風呂やキッチン、トイレなども機器を入れ替え、明るいタイルを張る。庭には、玉ジャリをひき、京都のお寺の庭にようにする。屋根と外壁、壁などは専門家にまかせたが、昔の家は息を吹き返す。「きれいになりましたね」とまわりの人からも褒められた。

　出来上がると何ともいえない達成感や満足感が得られる。昔の大工さんの建てた家は、頑丈で細かいところまで気配りがある。木の家は身体にやさしい。

親は大変喜んだ。窓越しに椅子に座って、じっと庭を見つめている姿を鮮明に覚えている。きれいな花が咲くころには、近所の人や道行く人に楽しんでもらう。母は「きれいな花が咲いていますね」といわれるのが嬉しかった。こうして、親が元気になり、親の寿命が延びたと思う。

妻の実家も両親が住まなくなってから、事務所に使いながら綺麗にリフォームした。わたしの実家、妻の実家、いずれも、まる15年、立派な人に借りて頂いた。最近、いずれも売却したが、自宅として、そのまま使っていただいている。いつまでも親の家があるのは嬉しい。廃棄物をなくす、環境問題にも大きく貢献している。

◎わが家の中は何もない

　わが家のリビングには立派な花の絵とヨーロッパ製の大きなテーブルと食器棚がある。ほかにはテレビも何もない。生命保険の健診に来た医師から「広い部屋ですね、モデルルームのようですね」と何もないから広く見えるのだ。掃除は時間がかからない、応接室も兼ねて、いつもきれいにしている、庭は、ガーデニング、鉢植え、親が挿し木をしたものを妻が育てた。玄関も収納して何もない。わが家には物置がないのだ。

食料品、雑貨、衣類、家庭用品、定位置を決め収納する▶各自が自分で使い、不足してくると気がついたものが買ってきて補充する。食器洗いも各自でやる。4人の親が同時に入院したことがあったが乗り切った。家事労働の価値は年間3百万前後といわれている。しごとの合間にこなしているのだ。

◎清潔感が一番

　家の中の「シンプル化」が進むとムダなものは買わなくなる。粗大ゴミがなくなり、捨てる手間が省ける。整理・整頓ができている、掃除が簡単にできる、汚れや家の傷みがすぐにわかる、小さい傷のうちは自分で補修ができる。「幸せなお金持ち」には共通点がある。玄関、台所、部屋にモノがない、「倒産の予備軍」、庭が荒れ、部屋はモノが溢れ、玄関もゴチャゴチャしている。銀行時代の経験からだ。

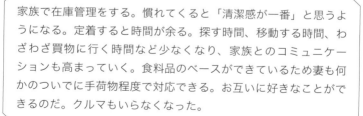

家族で在庫管理をする。慣れてくると「清潔感が一番」と思うようになる。定着すると時間が余る。探す時間、移動する時間、わざわざ買物に行く時間など少なくなり、家族とのコミュニケーションも高まっていく。食料品のベースができているため妻も何かのついでに手荷物程度で対応できる。お互いに好きなことができるのだ。クルマもいらなくなった。

外食はほとんどいかない。ファーストフードを含めて、しごとを通じて、実態をよく知っている。料理は楽しい、国産の食材（産地）にこだわる。農家さんには「命を頂く」と思って感謝している。

❹ 自分のこころを満たしてくれるもの

広い社会を動き回り、いろいろな人に会い、いろいろな経験をする。活動すると、心身ともに健康になる。それをサポートするのが、「シンプル化」である。お金ができると気持を切りかえよう。すると、本当に自分の心を満たしてくれるものを知る、「お金に表示できないもの」に関心が行く。実は、これこそが人生で一番大切なものだ。

《本当に自分の心を満たしてくれるもの》

※（　）は著者の場合のコメント

・自分の知識や経験が人のためになる（人に喜んでもらう）。

・人の絆、ネットワークを広げていく（ブレーンリンク活動）。

・親の愛情に答える（夫婦二人三脚でとりくむ介護）。

・お世話になった人に恩を返す（近年力を入れてきた）。

・妻、子、孫、若者（次世代）を支援する（特に重要と思っている）。

・新しい分野の知識を広げる（注力している）。

・自然や街にとけ込む（街を歩く、温泉、森林浴）。

・整理・整頓など身のまわりを綺麗にする（５Ｓ活動）。

・エコに取り組む（クルマ、電気、ガス、水、廃棄物をなくす）。

・料理、庭の手入れなど生活技術のレベルをあげる

・家族団らん（注力している）。

❺「ロハスの発想」と経済学

◎米国型市場経済

　経済学と親しくしている。世界や日本の経済は、経済学という学問が守ってくれると思っていた。何度も不況を救った「ケインズ経済学」に代わって登場したフリードマンを代表とする経済学、市場経済万能（マーケットにまかせておけば、経済はうまくいく）を主張する「新古典派経済学」のお墨付きをもらった「米国型市場経済」（詳細はP62参照）は、20年近く、世界のGDP（国民総生産）を押し上げてきた。日本でも、竹中平蔵さんをはじめ、多くの

経済学者が米国に留学して、その経済学の宣伝マンになった。構造改革をあい言葉に、日本経済は次第に「米国型市場経済」に飲み込まれていった。

財務大臣前の竹中さんとは、しごとで1時間ほどおはなしをしたことがある、実家が和歌山の雑貨を扱うお商売をされていたので、事情をよくご存じだった。りそな銀行は中小企業との取引が多く、つぶすととんでもないことになる。りそな銀行を国有化することで、金融パニックが納まった。

ところが、リーマンショックにはじまる「世界的な金融バブルの崩壊」で「米国型市場経済」は、信頼を失ったのだ。慌てた米国をはじめ先進国は、国債を乱発して、大手金融機関に大規模な公的資金を注入して、国が金融機関を支えた。この影響は、世界を直撃した。

欧州ではギリシャをはじめ多くの国が、財政破綻の危機に直面した。「米国型市場経済の副作用」は、次の通りあまりにも大きいのだ。

《米国型市場経済の副作用》
①世界大不況（リーマンショック）
②貧困層の増大と社会の崩壊
③地球環境の破壊の加速
④原油や穀物など価格の乱高下

日本は「貧乏大国」になり、社会も分断されている。「経済大国」といわれ世界から恐れられた日本、「平等社会、一億総中流」といわれた日本だが、「グローバル化の大波」をかぶり、いつの間にか、正社員が非正規社員に入れ替わったのだ。先進国では、アメリカに次ぐ「貧乏大国」になった。OECD の調査では、G 7、先進国の中で、相対的貧困率でアメリカに次いで 2 番目になった。

人の心はすさんできた。テレビでは、バラエティ番組が占領、景気対策として行われた公共投資は、きれいな日本の生態系を破壊してきた。決定的になったのが、2012 年 3 月 11 日の東日本大震災と原発事故だ。「原発事故で日本の安全・安心社会は崩壊した」といっていいだろう。

◎生活にとって大事なことが経済学に欠けている

　経済学は、「物質的豊かさこそ幸福の源泉」であるという信念でアプローチするものだ。GDPを増やすことが目的の学問といっていいだろう。一方では、「拝金主義的」な要素を持っている。経済の裏側には、「人の営み：社会生活」がある▶このような社会が待っていたのは「一体感」「温かさ」「安心・安全」「人のきずな」「環境」などの破壊だ。人の社会生活にとって大事なことが、経済学に欠けている。

　日本は高齢化社会に入り、国の借金も増える一方だ。いくら国が借金を増やし、経済対策をやっても、消費など内

需は盛り上がらず、「次世代」に負担を増やすだけだ。高齢者はお金を使わない。不思議なことだが、お金持ちほどお金を使わない。精神的に満たされているからだと思う。

> お金持ちは、「節約」を楽しんでいる。長い銀行生活を経験して、わたしの実感だ。

◎ロハスの発想

　収入が減っても、自分や家族が健康で豊かに生きることを考える。親や家族、友人をはじめ人の絆を大切にする。今、ヨーロッパをはじめ世界中で新しい価値観とライフスタイルを持つ「ロハスの発想」を持つ人々が急増している。ロハスとは、健康と地球環境意識の高い「ライフスタイル」をいう。

> たくさんの人が原発事故の不安で苦しんでいる。合理化や効率化を追求してお金を稼ぐ一方では、健康や環境を損なう「拝金主義的」な経済学の発想の反省から、地球環境に負荷をかけない経済活動、「ライフスタイル」を多くの人が求めている。

人は、増やしていくことを前提とした経済学の発想とはいわば対極にある「ロハスの発想（減らす発想）」で、ライフプランを描くことが必要になっているのだ。

わたしは「5S」からスタートして「シンプルライフ」＆「ロハスの発想」に到達した。ここで事例を紹介したい。

〈参考〉ロハスとエコの違い▶ロハスは地球環境だけでなく人の健康も目標に含む。

❻ エコ（環境）にとりくむ

経済大国（GDPが世界上位）から生活大国（30年前、宮沢内閣が宣言する）へ

日本人は世界からエコノミックアニマル（経済的利潤を第一として世界中で暴れまわる恐ろしい国）と呼ばれた。「経済大国」になったのだ。

当時、トヨタの目標はグローバルテンといわれていた（世界のクルマの1割をとるということだ）。アメリカなど他国から反感を買い、バブルを徹底的につぶされた。

今、多くの人が、目指しているのは、「生活大国」で「ストックを生かす社会（ストック型社会という）」だ。

> 今あるモノを生かす社会だ。大量生産、大量消費、大量廃棄のフロー型社会からの転換である▶モノを大切に使うことから環境に負荷をかけない豊かな社会や経済的なゆとりが生まれるのだ▶近年 GDP が増えないのは必然だといえる。

妻や娘は、ブランド品を買い、娘の服を妻が着たり、妻のハンドバックを娘が使ったりしてフル回転している。わたしも妻の父のオーバーやモーニングを着ている。ヨーロッパのクルマを 20 年乗った。家具もヨーロッパのモノを長く使っている。妻やわたしの親の家もきれいに保存して、人に使って頂いた後、そのまま居宅として売却した。いずれも約 40 年経過している。東京時代、自宅を 3 回売却したがすぐに売れた。買い手から「一番きれい」と褒められた。

居住用財産の 3000 万円特別控除制度は 3 回お世話になった。家をいつまでもきれいに維持することは、最大の資産運用であることがわかった。

エコライフにとりくむ（著者の経験から）環境問題に貢献することで、一生では、お金で3000万円以上の節約がで

きる。次のとおりだ。

図表22 エコライフのとりくみ方

■エコライフに取り組むと、こうなる！

お金 お金＝月5万円×12カ月＝年間**60**万円
年間60万円×40年＝**2400**万円

車の買い替え回数を減らす。ライフサイクルの中で車を保有しない時期を作るなどして、600万円程度の節約をする。私の経験でいうと、合計で3000万円程度の節約となる。

■家庭のコスト削減 ※わたしの「2億円の方程式」のベースになっている。

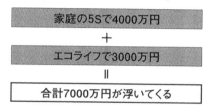

家庭の5Sで4000万円
＋
エコライフで3000万円
＝
合計7000万円が浮いてくる

出典：『お金のプロ！銀行支店長が教える資産2億円の方程式』吉野誠／著

家庭のエコ（環境）からスタート、環境マネジメントのしごとにとりくむ。親のライフスタイルや自然に接して、次第に、エコに関心を持つようになった。ISO14001（環境マネジメントの国際規格）資格もとり、しごとに使うようになった。
シンクタンク時代、約50社の支援をした。環境を甘く見るような企業は生き残れないと思う。

エコライフは、環境をよくするだけでなく、お金を節約する。まず、家庭で捨てるものを少なくすること、コツは、少しいいものを買い、手入れをしっかりして、大切に使う。小物、シャネルの名刺入れやネクタイは30年以上使っている。工夫してクルマは使わないようにする。事故というリスクがなくなり、健康の一番の近道でもある（以前、親の介護時代は、小型のベンツに20年間乗っていた）。

❼ 幸せになる5S式生活

　<u>お金は5S（整理・整頓・清掃・清潔・しつけ）好きに寄ってくる。家庭で5Sを実行すれば、家計規模にもよるが、一生で3000万円〜5000万円程度の節約になる▶併せて、一生に5年以上の時間が節約できる。</u>

　サラリーマンの収入は限られている。まず家庭を「ローコスト体質」にすることだ、その体制を家族全員で継続していくことだ。これができなければ、ほんとうの「資産つくり」は困難だ▶5Sは企業経営の基本にもなっている。世界のトヨタをはじめ、代表的な企業がすべてとりくんでいる。しごとで多くの企業現場に入ったが、収益力のある企業は、この5Sを徹底的にやっている。

家庭で、５Ｓを通じて、夫婦や家族のコミュニケーションを取っていれば、資産が増えるだけでなく、定年離婚や熟年離婚の心配もなくなるだろう ▶妻の夫に対する不満調査では、夫が家事労働をやらない、が第一位である、妻の不満の解消にもなると思う。

図表23 ５Ｓを実行すると

5Sをやることにより

| ルールを守る | 規律を守る | 相手の立場を考える |

人格形成にプラスになる

子どもも参加する→「5S式資産作り」＝夫婦の共同作業

出典：『お金のプロ！銀行支店長が教える資産２億円の方程式』吉野誠／著

〈参考〉宝塚歌劇と音楽学校

わたしの家の近くにある宝塚歌劇も５Ｓの優等生だ。宝塚のスターや音楽学校の生徒は５Ｓということばを知らないかもしれないが、掃除、整理・整頓ぶり、礼儀など見ていると自然に５Ｓを実践している。そこから多くのスターが生まれ、観客に夢と感動を与えている。

逆に、倒産する企業経営者や大半のサラリーマンは５Ｓの劣等生といえよう。社会のムダなもの、旧態依然の組織やルールを整理・整頓しなかったために、バブル崩壊に太刀打ちできなかった。

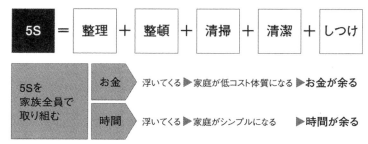

■**家庭の5Sには、こんなにメリットが!**

| 5S | = | 整理 | + | 整頓 | + | 清掃 | + | 清潔 | + | しつけ |

5Sを
家族全員で
取り組む

お金　浮いてくる ▶家庭が低コスト体質になる ▶**お金が余る**

時間　浮いてくる ▶家庭がシンプルになる　　▶**時間が余る**

☑ **食料品・衣類・家庭用品の定位置を決め、それを守る**
　　→在庫管理をする→無駄なものを買わなくなる

☑ **部屋に無駄なものを置かない**
　　→すべて収納する→部屋を空にする→無駄なものを買わなくなる

☑ **冷蔵庫の中を管理する**
　　→無駄なものを入れない→週末にはカラにする→無駄なものを買わなくなる

常に整理・整頓・清潔な状態にして、掃除もきめ細かく行なう。
家族全員がこれに参加して、規律を守る。

■**5Sのパワーはすごい!**

お金　年間最低100万円×40年＝**4000**万円

時間　1日3時間×365日÷24時間＝年間45日
　　　年間45日×40年＝1800日、1800日÷365日＝4.9年　　約**5**年分が浮いてくる

家庭の規模にもよるが、30〜70歳、40年間として、私の経験では年間最低100万円は浮いて
くる。時間は、家族で1日最低3時間は浮いてくる。

出典：『お金のプロ！銀行支店長が教える資産2億円の方程式』吉野誠／著

⑧ 5S式資産つくり

　「ライフスタイル」をシンプルにして、浮いたお金で、株を買う（説明した通り）モノを買う代わりに、自分の好きな株を買っていくのだ▶株が増えると、タイミングを見て、株を減らす。株の売却益など、貯まったお金を頭金にして、収益マンションを買う。収益マンションからの家賃は使わないで返済に回す。通常、サラリーマンの不動産投資は、確定申告をすると、税金が還付される。その還付金も使わないで返済に回すのだ。株は常に限度額を決めて、株で大きく儲けたら、株に再投資しないで、預貯金や借金を返すようにする。

図表25 5S式で資産をつくる方法
■5Sを実行すれば、お金が余る

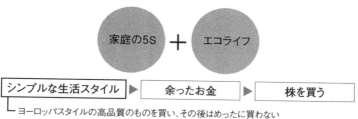

■私の5S式資産運用法

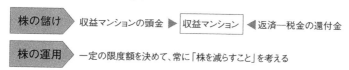

出典：『お金のプロ！銀行支店長が教える資産２億円の方程式』吉野誠／著

127

◎本格的なマイホームは後回し

本格的なマイホームは後回しにして50歳くらいで考える。途中、マイホームを買うときは、駅近など、すぐに売れるものを選ぶ。転勤などに備える。

社宅か中古住宅をリフレッシュするだけで十分だと思う。一生住むマイホームの資金は、株や不動産の売却代金をあてる。住宅ローンはできるだけ借りないようにする。

◎株の儲けは消費に使わない

資産のボリュームが大きくなったら、これからくる波に対して、資産の5Sをして、資産の組み換えをする。株が弱いときは、深入りしないで、逃げてしまう。株は買うが常に減らすことを考えるようにする。

◎資産の優先順位では、預貯金、株、不動産

米、欧、コロナ対策の超金融緩和、加えて、ロシアのウクライナ侵攻による物価急上昇、インフレ対策として、金融引き締めに急転換、日本もアベノミクスの「出口戦略」の不透明など、不確定要素が盛りだくさん、手元流動性を高めて、次の波に備えるようにしたい。

図表26 資産保有の優先順位

出典：『お金のプロ！銀行支店長が教える資産２億円の方程式』吉野誠／著

◎５Ｓ式資産つくりの骨格

　株を買うタイミングは、株に人気がなく、証券会社の店頭が閑散としているときや、「突然の暴落」直近では、2020年３月コロナショックのような「株のバーゲンセール」に増やすのが効果的だ。株は人気がないときに買うほうが、リターン（儲け）が大きく、リスクが少ない。

図表27 株を買うタイミング

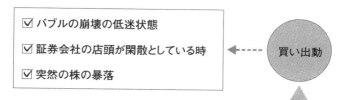

出典：『お金のプロ！銀行支店長が教える資産２億円の方程式』吉野誠／著

30代で小ぶりの収益不動産（7年程度経過した物件で、空室にならないような駅に近い物件）を買い、人に貸す収益不動産は、ほかの資産のバランスを見ながら考える。

図表28 株のバーゲンセールとは

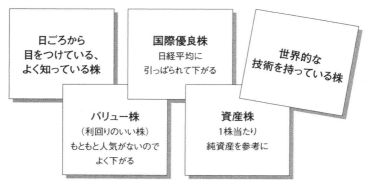

日ごろから
目をつけている、
よく知っている株

国際優良株
日経平均に
引っぱられて下がる

世界的な
技術を持っている株

バリュー株
（利回りのいい株）
もともと人気がないので
よく下がる

資産株
1株当たり
純資産を参考に

バーゲンセールで買ったあと、2割程度上がったら思い切って売っていく
→株を「減らす」ことを常に考えておく

出典：『お金のプロ！銀行支店長が教える資産2億円の方程式』吉野誠／著

◎5S式資産づくりのポイント

　その後は、「鳥の目」（Ⅱファイナンシャルインテリジェンスを参照）を持って新しい波に対して、資産の5Sをする。資産の5S（整理・整頓・清掃・清潔・しつけ）とは、新しい波に対して、資産を組み替えていく作業だ。

図表29 株の資産づくりのポイント

■株の5Sとは？

整　理	相場の状態を見て、値上がりした株を売り、利益を確定する。 人気がなくなりそうな株を売却。場合によっては、すべての株を売却し、キャピタルロスをできる限り少なくする。
整　頓	証券相場の「地合」（株式市場の人気具合）に合った株を揃えて、値上がりを待つ。買った株に未練を持たず、勇気を持って「地合」に合った株に入れ替える。
清　掃	整理・整頓を通じて保有株を減らしていき、「新しい相場の流れ」に乗る株を買うための資金を確保する。場合によっては、すべての株を売却して、株式投資自体を休むことも考える。
清　潔	値下がりした株はすかさず損切りして、含み損が増えないようにする。 インターネット上などのいかがわしい情報に惑わされず、あくまでも自分の判断で投資する。
しつけ	株式投資の限度額を守る。自分自身の投資スタンスを持つ。 自制心を失わず信用取引には手を出さない。

■ロスカットを怠ると危険

株の含み損 〉 人間の身体のガン 〈 切らないと転移して、致命的になる

▲ 清掃する　　　　▲ 保有株は常に時価評価をする

「市場経済」では極端にいえば、何も持たないほうがよい　　デイトレードはこの発想

■持たないが勝ち

保有株の時価評価をする→相場が高くなったら、短期売買を中心に行なう→保有株を少なくする

相場が下落に転じれば→人より早く逃げる→保有株（ストック）をできるだけ少なくする

保有株の5S

出典：『お金のプロ！銀行支店長が教える資産２億円の方程式』吉野誠／著

具体的には、株（投資信託）、不動産、金融資産、個々の資産の収益状況をつかみ、資産状況を見直す。運用は「シンプル」にバランスよく、「含み損」はときどきロスカット（損切り）する。ロスカットの目途の例としては、買って、1割下がれば、機械的に売却する。売却後上昇があっても縁がなかったとあきらめる。

保有する収益不動産の維持管理にも気をつかう「しつけ」は「セルフコントロール：自制心」（常に冷静に）と考える。

　株の暴落で、悲惨な目にあうのは、資産を株に集中している人だ。手の打ちようがない。逆に、資産を5Sして、バランスよく運用している人は、チャンス到来だ。手元にある金融資産でいい株を安く買えるのだ。

家賃という安定した収益が得られる収益不動産は、忙しいサラリーマンの「資産運用の優等生」だ。不動産だけに偏るのもリスクがある。デフレに弱く、お金が必要なときに、すぐに売れない。不動産に関連する税金、日本は極めて高い。

◎致命的な打撃

　バブルの崩壊では、このような資産の５Ｓを怠った人が大きな傷を負った。「減らす」ということが、頭になかったのだ。グローバルな「市場経済」に入り、まわりの状況が大きく変化しているのに、じっとして「資産の５Ｓ」をしないのは、資産の運用では、「死」を意味する▶日本のバブル崩壊やリーマンショックのように、致命的な打撃を受けることもある。

　アベノミクスの株価上昇も危険が一杯だ。日銀の買いや、年金資金など投入して、今のところ何とか維持しているが、外人が売り逃げれば、経験則から、大暴落の可能性も否定できない。日本市場の取引の７割は外人が占めているのだ。

　資産はいうまでもなく、利息や配当金、家賃という収益を生み出す。しごとをしながら十分管理ができる。「自分で年金をつくる」ことを若いころから心がけていこう。人生の後半、配当金、利息、家賃で生活の大半をまかなえるようにしたい。資産から得られる収入は、仕事のように時間を束縛しない。

「自己実現」の実際
～自己実現に成功した人たち～

❶ 自己実現とは

　人生は、前半戦と後半戦がある。若いときから、45歳を「ハーフタイム」としてきた。<u>前半戦は、銀行という「恵まれた環境」に寄り添い、「経験値」を広げていく、資産も有形、無形ともに着実に積み上げていく。</u>後半戦は、さらに積み上げ、これら成果を武器に、「自己実現」を重ねていく。

　「社会貢献」という「生き甲斐」をつくり、親をはじめ、家族や社会に返していく、一度しかない人生を精一杯生きる、人生を謳歌する。「自己実現」は人生100年時代、極めて重要である。

「恵まれた環境」＝いろんな企業や人としごとができる。

| 前半戦 |：資産を積み上げる ▶ わたしの 23 歳～ 45 歳、バブル時代があり、十分に達成できた。

| 後半戦 |：46 歳から親の介護を含めて、自己実現や「社会貢献」若者支援にシフトできた。

　「自己実現」とは、こころの中に抱いている欲求を社会で実現させていくという素晴らしいことである。人間にある欲求の中でも、「最も高度な欲求」といわれている。有名な

「マズローの欲求5段階説」によりわたしのケースを 図表30 にまとめてみた。

図表30 マズローの欲求5段階説による

① **生理的欲求**（生命を維持したい欲求）
⇒食欲・性欲・睡眠欲

② **安全的欲求**（身の安全を守りたい欲求）
⇒住居・財産・健康・雇用の安定

③ **社会的欲求**（他者とまじわりたい欲求）
⇒友情・愛情・家族・社会

④ **承認欲求**（他者から認められたい欲求）
⇒自尊心・自信・達成・他人から尊敬

⑤ **自己実現欲求**（創造的活動したい欲求）
⇒道徳・創造性・自発性・問題解決
（番号は順序→⑤「自己実現」が「最も高度な欲求」）

マルチステージを通じて、 図表30 の①生理的欲求から④承認欲求を経験して、「⑤自己実現欲求（創造的活動したい欲求）」 ▶道徳、創造性、自発性、問題解決を重点的にやってきた。

自己実現について、「自己評価」※（　）内が自己評価

《自己実現を実現できる人》

・社会のルールの中、やりたいことをしごとにしている。　　（ＯＫ）

・広い視野を持ち、活動が人や社会に役立っている。　　　　（ＯＫ）

・スピーディな行動ができる。　　　　　　　　　　　　　（ＯＫ）

・人と比較しない。他人の長所も理解できる。　　　　　　（ＯＫ）

・今までのやり方にこだわらない。

　　　　　　　（あえて人と違うことを考えるようしている、ＯＫ）

《自己実現を果たすメリット》

・やる気を持続できる。（「自分がたてた目標」で動いている、ＯＫ）

・自分の好きなことをやっているので人生に不満がない。　（ＯＫ）

・充実した日々を過ごすことができるのでストレスが少ない。

　　　　　　　　　　（まわりからもよくいわれる、ＯＫ）

《自己実現のデメリット》

・信念が強くなり、まわりと対立することがある。（よく経験した）

《自己実現を実現するプロセス》

・「将来のビジョン」やりたいことを明確にする。　　　　（ＯＫ）

・人生でやりとげたい目標を設定する。

　　　　　　　　　　　（「目標管理」で動いている、ＯＫ）

・考えるだけでなく、行動に移す。　　　　　　　　　　　（ＯＫ）

・何をいわれても、気にせず努力を続ける。　　　　（やってきた）

・常に、成功するイメージを抱く　　（「瞑想」をしている、ＯＫ）

わたしの「自己実現」の「具体例」を紹介しよう。

❷ 自己実現の具体的な例

①時間を取り戻す

◎亡き母の故郷で目一杯の講演をする

　ゴールデンウィーク直後、鳥取県米子市、米子商工会議所で講演をさせて頂いた。ゴールデンウィークを講演原稿の作成にあてた。約100名、地元の企業経営者やその夫人の集まりだ。事前準備に全力投球した。「ローカルリッチ　地方の"豊かさ"を見直そう、幸せとは何か」というテーマだ▶講演がうまくいったのだろう。近くのレストランで行われた二次会は大変な盛り上がりとなった。

　「クルマで境港駅前のホテルまでお送りしましょう」

　約30分間、車中では、会話が弾んだ。講演会主催者の奥さん、上品で綺麗な人だ。あたたかいことばのアクセントが、どこか聞いたことがある。実は亡くなった母が、鳥取県米子市の出身なのだ。母を思い出し感激した。翌日、ホテルの魚料理もほんとうに美味しかった。

◎亡き父の故郷でも地域再生のための講演をする

　銀行国有化に伴い58歳早期退職、その後19年間、常に「時間を取り戻そう」と前向きにやってきた。「過去を思い出すしごと」は積極的に受けてチャレンジした。「お世話になった人に、少しでもお返しができたらと思った」、わたし

Chapter 04

が描いた「自己実現」である。

　父の故郷、京都の北、日本三景、天橋立（宮津市）の地域再生、難しいテーマだが、わたしが基調講演をして7年が経過した。妻と二人三脚10数年親の介護もして、父も母も橋立にあるお墓で喜んでいると思う。

　今年もお盆前、両親のお墓の掃除に行き、地域を回った。「わたしたちの約束ごと　広げようきれいな街と地域の輪」街中（まちじゅう）のいたるところに標語が目立つ。わたしが提案したことが今でも実行されている。松並木、海岸、街並み、ゴミが落ちていない。真っ青な海と見事に調和している。
　「みんな外に出て、協力するようになった。毎日が楽しい」街で聞いたお年寄りの声、地域は「日本の源流、海の京都」として大変な人気だ。歴史を求める若い女性のグループが急増している。

◎父が勤めていた会社で人材派遣のしごとをする

　神戸の人材派遣会社のしごとでは、スタッフと大手繊維会社の京都本社に訪問した。明治時代の建物で、応接室も昔と少しも変わらない。涙が込み上げてきた。わたしは小さいころ、会社の中を走りまわっていたようだ。記憶が残っている。過去に天皇陛下も来られた歴史ある建物で、最近、

トヨタを紹介する映画でもセットとして使われた。

> しごとを通じて、「思い出」に寄り添うことができる、これ以上
> の喜びはない。

◎京都、母校の校舎 —— 京都一周は通算100回

　京都の北、岩倉にある母校は、わたしの原点だ。京都、四
条河原町から北山を見ながら、鴨川を上がり、高校へ。往
復約5時間、歩くようにしている。校舎のまわりを一周す
る。京都へ行くと、新たな発想が生まれるのだ。付属の小
学校の門には「偉くなるより、いい人になろう」という母
校らしい標語がかかっている。

> 京都はモミジのころの同窓会をはじめ、しごとをつくって顔を出
> している。京都の中心、四条烏丸（しじょうからすま）、新築し
> た銀行の高層ビルのテナントはバブルがはじける中、わたしがす
> べて埋めた。京都一周は通算100回にもなる。530年の歴史の
> ある蕎麦の本家尾張屋、店主の稲岡氏。5年連続大学ラグビー日
> 本一の監督伊藤氏。フォークソング、ヒット曲「花嫁」、「風」の
> はしだ氏、同級生で友人、残念だが、皆さん亡くなった。

　彼らに励まされ、親しくして頂いた。「人一人ハ大切ナ
リ」、母校創始者新島襄のことば、「吉野、どこに行ってた

Chapter 04

んや」、「銀行や」、「国有化した銀行か、苦労したなあ」はしだ氏の顔が浮かぶ。「時間を取り戻したい」という気持ちが強くなるのだ。

②次世代に伝える

◎ライフ＆キャリアデザイン50歳研修

「働くこと」——どんなしごとでも「キャリア」と見る。成長のためにしごとをすると考える。「キャリア」の積み重ねを通じて、しごとは「天職」とみなす。

「天職」とは、働くことが楽しみ、やっていることに充実感や社会的意義を見出す。金銭＆出世、名声のために働くのではなく、働きたいから働く、というシンプルな「ライフスタイル」である。

ライフスタイルの集大成は、代表的な知識集団、社員９割が東大卒という東京・八重洲の著名な企業での50歳以上の社員の皆さんを対象にした「ライフ＆キャリアデザイン50歳研修」で採用され、研修を実施した。母校学術研究会主催記念講演でも「ライフスタイル」をお示しした。一番大きな階段教室101号室が満杯で、学生、院生、教職員、地域住民のみなさん約400名が参加した。講演のあと、大食堂で行われた二次会は盛り上がった。

◎母校の学生に教える

　銀行国有化に伴い、総合研究所早期退職と同時に、非常勤講師として、産業政策論を学生（後輩）に教えた。120名の学生を対象に、バブルやバブルの弾けるプロセスなど金融や地域経済の事例研究をまとめあげた。

「吉野先生の授業は密度が濃く、話し方が上手なので、90分間飽きません。水曜日の三限が唯一の楽しみです。月〜金まで、吉野先生の授業があればと思っています」。学生の感想文や日銀神戸支店長をまじえて地域経済についてディスカッションをしたときは、支店長から著書を読みたいといわれ、差し上げたこともある。

◎講演

　東京・都庁近くの、世界的な外資系金融グループの営業幹部研修、大阪、大手電機労働組合協議会主催、テーマ「企業の生き残る条件」では、グループの関連会社多数、群馬県高崎市の半導体のトップ企業、テーマ「ＩＳＯで会社を変える」では、大きな講堂に社員500名が参加した。

全国各地、商工会議所主催の講演もたくさんやってきたが、「ブレーンリンク代表吉野誠」との紹介でイメージもつかめたと思う。全国各地の講演を通じて、地域に寄り添うことができた。

◎著書

　著書の影響は極めて大きい。合計3冊、いずれも経験したことをまとめた。出版社編集部経由で全国からしごとがくる。相談者は、なぜか富裕層のご婦人で、上品な美人が多い。財産の運用についての相談が多く、深入りしないように注意をしている。フジテレビの出演、総合雑誌への寄稿、顧問契約なども著書の影響が大きい。

◎研修

　講演と併行して研修にも積極的に取り組んだ。
・銀行関係（支店長研修、支店勉強会、数10名規模）
・県経営指導員への研修（滋賀、奈良、各100名規模）
・大手病院職員研修（看護師を含む、毎年10数名規模）
・企業▶新入社員研修、営業マン研修、経営関係研修

《大手病院・看護師さん〜研修の感想文から〜》
いろいろな業務をローテーションして、フォローし合える環境を作ることは、チームワークを生み、職場環境の改善につながる。チームワークが生まれるとコミュニケーションアップが図られミスが減り、ミスが起こったときも、情報の共有やスピーディな対応、原因分析もして、再発防止の検討が行えて、患者様の不利益を減らすことができることをよく学んだ。患者様の幸せにつながるよう頑張りたい。

◎「地域経済論」〜大学生の感想文から〜

「地域経済と豊かさ」についてお話を頂き有難うございました。感想を結論からいうと感動しました。商社のような企業に入り、世界でバリバリ働きたいと考え歴史のある国立大学経済学部に入学、在学中にいろいろな活動に取り組みました。しかし、1年間のドイツ留学がわたしの考えを反転させました。日本の良さを明確に認識し直すことができたのです。さらに、自然が好きになったことです。公務員になりたいと思い合格しました。反対する人も多く、合格後も不安がありました。先生の講義を受け、その不安は、どこか遠くに飛んでいきました。先生のおはなしに、何度も、うなずき、またいろいろなことを考えさせて頂きました。地域経済の発展が重要と考えそのためには「ヒトの力」「コミュニティーの力」が大事と考えています。自分が人と人をつなぐネットワークの架け橋となれるようなしごとがしたいと考えています。そのためにも、いろいろなことに取り組み努力したいと思っています。この講義を受けて感動しました。本当に受講して、よかったと思います。豊かな生活を送るためには、自分は何ができるのか、日々、考えながら生きていきたいと考えています。

自分の経験を講義で紹介して、素晴らしい学生から感動を頂く、これ以上の喜びはない。

◎「自己実現」への最大の贈り物

人生100年時代、素晴らしい「無形資産」を保有する人

は強い。最強の無形資産は「時間」だ。「自己実現」への最大の贈り物は時間といっていいだろう。「充実した人生」を送るためには、「時間の達人」を目指すことだ。

図表31 時間の5Sとは

| 80対20の法則 | 1日の80%を無駄な時間をすごしている | 80%を省く | 空いた80%を人生計画書の達成に使う |

無駄な時間	テレビを観る　長時間新聞を読む 無駄な集会や会議に参加する　付き合い残業をする 人の愚痴に付き合う　無駄な電話やメールをする 無駄な接待をする　休日に無駄な時間をすごす
時間の活用方法	朝早く移動する　待ち時間を活用する　「段取り」を工夫する メールや手紙、電話でコミュニケーションを取る 仕事の中に「運動」を取り入れる　早朝や昼休みに人に会う 問題の先送りをしない　通勤や出張など移動時間を活用する 仕事の効率を高める　ミスをしないようにする スケジューリングを上手にする

出典：『お金のプロ！銀行支店長が教える資産2億円の方程式』吉野誠／著

〈参考〉「時間の達人」、自分のしごとだけでなく、地域や業界の要職など、社会のためになることにも取り組んでいる。家族にも十分時間をさいている。人脈や話題が豊富、はなしがおもしろく人をひきつける。勉強も大好き、学者のような知識がある人も多い。「志（こころざし）」が普通の人と違うように思う。
「本質を見抜く力を磨く」この力があれば、体験から学び、それが「教養」になる。さらに本物と偽物を見分けられる力がつき、「資本主義で搾取」されるリスクがなくなり、ムダな時間がなくなる。

忙しい人ほど時間がある。矛盾するようだが、時間を追いかけている時間を主体的に使っている人と受け身でいつもバタバタしている人の違い、同じ時間でも、主体的に動けばその時間は充実したものになる ▶ 方法として、目標を決めて挑戦するスタイル「目標管理」がわたしのライフワークになっている。

銀行の営業では、能力の違いで費やす時間がまるで違う。「キャリアアップ」が時間つくりの近道だ。普通の人の３分の１、４分の１の時間で同じことをすませる。金融商品や融資の割り当てがあれば、大口先で一挙に達成する。「空き時間」で地域を歩き、企業や資産家の新規開拓に注力した。しごとなどの疑問点は、大型書店に寄り、すぐに確かめた。

◎時間をつくり、やりたいと思うことは挑戦した

　東京、名古屋、京都、大阪、神戸、最近、岐阜、滋賀、奈良、銀行関係や顧問活動を通じて、各地域をよく調べ、よく歩き、堪能（たんのう）した。大学では、「地域経済」を教えるレベルになった。企業や資産家の新規開拓はわたしの「天職」であり、しごととして続けている。

わたしが代表で、わたしがプレーヤー「ブレーンリンク代表吉野誠」という肩書で、講演やコンサル、顧問業務などやりたいと思うことは何でも挑戦してきた。顧問業務は、人脈、ネットワークを生かしたビジネスマッチングである。

わたしがアポイントをとり、顧問先の社長をつれて訪問するスタイルである。M&Aを成功し、社長から「いのちの恩人」という感謝の手紙を頂いたこともある。

❸ 人生のシナリオ

　<u>銀行（企業）を使って成長する。定年後のことは、30歳になったら考える。</u>

図表32 わたしの「人生のシナリオ」（最新版）

主な目標	主な項目
「自立」できるようにする	有形資産、無形資産（資格も含む）、人脈
死ぬときが定年である	「生涯現役」「天職」家事労働、健康管理
お世話になった人に恩を返す	両親、妻、顧客、パートナー（友人）、社会
社会との関わりあいを持つ	大学講師、講演、研修、著書、コンサル、顧問活動
次世代に貢献する	子、孫、次世代

※右側の項目、目標を設定し、進捗状況をチェックし、ＰＤＣＡサイクルを回し、達成していく。

　わたしの「ライフスタイル」は、人とは少し違うと思う。会社や国のシナリオで動くのではなく、これらも考慮して、わたしがつくった「人生のシナリオ」で動いている。これこそが「自己実現」と思っている。

図表33 最初のわたしの人生の「シナリオ」（参考）

■私の人生シナリオ

「自立」できるようにする	資産を作る
死ぬときが定年である	自分の経験を活かした仕事をする
お世話になった人に恩を返す	両親の世話をする
社会との関わり合いを大切にする	講師、コンサルティング

■サラリーマンのライフサイクル

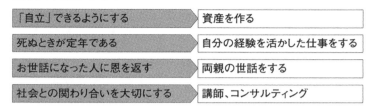

ライフサイクルのパターン

就職 ▶ 結婚 ▶ マイホーム ▶ 子ども2人は私立校 ▶ 老後資金が足りなくなる

ライフサイクルのリスク

失業／健康／住宅ローンの逆資産効果／金融資産の市場リスク
親の介護／年金崩壊／相続

家計の収支は日銀・資金循環によると年間、1兆円以上マイナス。
子どもを持つ60％以上の世帯が「生活が苦しい」状態である。

■リスク対策

人的資産の
価値を上げる
（収入を上げる能力をつける）

生活の見直し、
支出の見直し

投資能力を
身につける

出典：『お金のプロ！銀行支店長が教える資産2億円の方程式』吉野誠／著

ＰＤＣＡサイクルとは、Plan（計画）、Do（実行）、Check（確認）、Act（改善）のサイクル

「人生のシナリオ」は、30歳を少し超えたとき考えた。決して早すぎることはない。その後、何度も練りなおした。80歳になってもイキイキと現役で働く父親の影響を受けた。
　自分で「人生ドラマ」を演出する。早ければ、後半、たくさんのドラマを経験できる。

明治生まれの父の時代に比べて、10歳以上若いといわれている。するとわたしは60歳代、父は、90歳でも働いていたことになる。「終わりよければすべてよし」、人生は長いマラソンゲームだ。

❹ キャリアビジョン〈将来の理想像〉

わたしの銀行時代のキャリアビジョンをご紹介する。

《わたしのキャリアビジョン》
いろいろな困難や不安定を、ものともせず、キャリアを積み重ねて、獲得した高い能力で顧客の信用を得る、他行との競争にも打ち勝ち、銀行が用意した「セカンドキャリア」に依存せず、自らの手腕で「次の職場」を切り開くことができる。

人生後半、経験したことを著書にする。有形、無形の資産を築き、住みたいところに住み、森林浴や温泉など自然を満喫する。親の介護や妻、こども、孫の支援も十分にできる。「次世代」につなぐ生涯学習、生涯現役、有形無形資産、質の高い人生を目指す。

◎銀行時代の実績

銀行支店長（最終役職）、その後、銀行系大手不動産会社2年・総合研究所8年、各支店長を窓口とした顧客の問題解決のしごとをする（実績は200社を超える）。

◎銀行関係退職後の実績

Chapter 04

著書を出版する（本書で4冊目になる）。母校や国立大学講師、全国の講演をする。企業のしごと▶J—SOX（内部統制報告制度）、HACCP（食の安全・安心）などテーマを持ち、企業支援をした。次に企業の顧問実績は33社になる。

《プライベート関係》

銀行時代、大阪、名古屋、首都圏、阪神間に住んだ後、夫婦とも、住みたいところ宝塚（妻、宝塚歌劇、わたし、森林公園、有馬温泉、六甲山が近い）に、懸案のマイホームを建てた。リーマンショック直後、関西で人気が高い西宮北口、宝塚南口、マンションを2戸買った。娘二人のためだ。いずれも駅から2〜3分の駅近だ。

　全国の転勤、夜遅くまでのしごと、大蔵省（金融庁）など数々の検査、支店長（責任が重い）、親の介護、阪神大震災、2回の銀行合併、国有化、早期退職、いろいろあったが、「キャリアビジョン（将来の理想像）」は達成できた▶ <u>銀行に依存していたら何もできていなかったと思う。</u>

　最後に、身近な人の素晴らしい「自己実現」の例をご紹介しよう。

❺ 世界的投資家Ｋ氏

　リーマンショック＆欧州危機では、日本にも進出している世界で一流といわれている欧米の証券会社や投資会社が軒並みやられた。その損失額は、各社10兆円単位と気の遠くなるような数字だ。たくさんの金融会社が公的資金の注入やFRB（アメリカ連邦準備銀行）、ECB（欧州中央銀行）による資産の買い取りで何とか支えられた（例：シティグループ、公的資金40兆円規模の注入を受けている）。

世界では、ユダヤ系の投資会社を頂点に、世界の投資会社が多額の情報投資を行い、高学歴のアナリストやファンドマネージャーを抱え、金融工学やコンピュータなど駆使している。投資銀行では6割以上、株の売買は膨大な投資を伴う自動（システム）売買といわれている。

　それでも投資の世界では常勝は困難だ。世界の投資家K氏は、1990年4月、5年間の投資ファンドの運用成績が世界で一番として、ウォールストリート紙の記事で大きな顔写真とともに紹介された。K氏の日本株ファンドは、常に世界で上位の成績をあげてきたのだ。

◎世界の投資家ジョージ・ソロスから運用を任されたこともある

　K氏の事務所は、東京駅からも歩いて行けるところにある。事務所に入ると、受付の女性と、丸い大きなテーブルの真ん中にK氏が座っている。ゆったりとしたスペースだ。

　テーブルの上には資料や手書きのノートがある。1000億円規模のファンドを自分一人で運用しているのだ。ファンドの中味は、ヨーロッパをはじめほとんどが海外からの資金だ。K氏個人に世界の投資家が大金の運用を任せている。世界の投資家ジョージ・ソロスからも運用を任されたことがある。

◎K氏、出身は準大手の証券会社調査部

　K氏は、神戸の大学時代の友人だ。同じゼミで就職試験では、メーカーを受けていた。

　「証券会社に向いているのでは」とわたしがアドバイスした。準大手の証券会社に入社した。入社当時、彼が勤務している大阪北浜の調査部に行った。調査部が強い証券会社といわれていたが、部屋一杯に資料が積み重ねられ、まるで資料室のようなところで黙々と手を動かしていた。「彼にとって証券会社に勤めたことがよかったのだろうか」と思った。

　調査部では、くさらず企業を積極的に調査した。特に、企業現場に直接出向いた。経営者のはなしを聞くようにした。投資を考えるときは、その企業の経営者や経営幹部に必ず会い、直接経営能力を確かめるのだ。彼からは、よく経営者がいいとか悪いとかいうはなしが飛び出した。

　学生時代のK氏は、温厚で、競争社会を勝ち抜くような雰囲気ではない。今でもその雰囲気は変わらない。少し疲れたらチベットに行き、ゆったりとした雰囲気で珈琲を飲むのが彼の一番の楽しみだ。事務所には、チベットの山々の大きな写真がかけられていた。

◎先人に学べ

　証券会社では、B社長に可愛がられた。証券界では、最後の相場師社長といわれた人だ。その社長が、彼に売買する銘柄を相談するようになった。彼は自ら売り込むようなタイプではない。地味な調査活動が、社長の目にとまり、評価されたのだ。B社長との出会いが、彼の貴重な財産となった。

　「先人に学べ」という諺がある。当時、相場の世界を生き抜いて社長まで登りつめた人は普通の人とは違う。「自分だけの判断（相場観）」、将来を見る目、精神力など十分に持っている。これらは時代が変わっても決して陳腐化するものではない。彼は、これらをB社長から直接学んだのだ。世界の投資家K氏の原点は「自分自身でやる調査活動、潮流を読む判断力、誠実であたたかい人間性、今まで築いた人間関係と調査網」だ。

◎バブルが崩壊する中、ユダヤ系投資会社の独壇場

　マーケットのグローバル化が進んでいる。投資の世界では、ユダヤ系投資会社の独壇場だ。世界に情報網があり、政治やメディアを押さえている。2001年、訪問したニューヨーク大学では、半分以上がユダヤの学生で占められていた。グリンスパーンなど多くの金融のプロを育てている大学だ。財界人からの寄付で学生の授業料は賄われている。

この大学では、ユダヤ社会の人間関係もつくっている。卒業後は、世界中で活躍するのだ。その代表として、アメリカのロックフェラー、ヨーロッパのロスチャイルドなど、世界の財閥も巨大な投資会社を持っている。配下には、多くのヘッジファンドがある。格付会社も彼らの息がかかっているといわれている。

《K氏はカラ売りをしない》

日本のバブルが弾ける中、「日本のマーケットはユダヤ系投資会社に徹底的にやられた」と彼はいった。カラ売りを仕掛ける。マスコミなどにその企業の悪い情報が出るようになる。さらに売りをかける。最後に買戻しをする。カラ売りでは、「値下がり分」が利益となるのだ。企業の株価が下がり信用不安になれば、最後に、その企業はつぶれてしまう。わたしの銀行もこのプロセスで株価が暴落し、最後に国有化になった。

バブルが弾けるときK氏に「カラ売りをしているのか」と聞いたことがある。「カラ売りをしたら儲かるかもしれないが、わたしにはできない」「お世話になった経営者や従業員の顔が浮かんでくる」これがK氏の回答だ。日本人として道義的にできないといっているのだ。どのようなときでも業績がよくなる企業がある。その企業を買うのだ。全体が下がりそうなときには休むのだ。

ストレスについて聞いたことがある。「アルコールやタバコで解消できるようなものではない。これらはすべてやめている。特に売った後に、急騰するような場合、ストレスがたまる」、このストレスをK氏は次の銘柄を発掘することで解消するのだ。

◎K氏は「日本人の心」を大切にしている

K氏の趣味はしごとだ。土曜日には神戸に帰り、お母さんを連れていろいろなところに行っている。お父さんを先に亡くし、お母さんが、一人寂しくしているだろうと気を使っているのだ。

K氏から「日本海に母を連れていきたい」と電話があった。地理を説明して、ついでに地元のお店を紹介した。朝、漁師が釣れたての魚を持ってくる古いお店だ。「おいしかった。たくさん食べた。帰りに魚を分けてもらった。帰って食べたら、身がしっかりしていておいしかった。従業員も都会と違ってやさしかった。母も大変喜んだ。あのようないいところにいつも行っているのか」。

学生時代と同様、飾らない人でもある。しごとの合間、親とのコミュニケーションを図っている。

◎アメリカの外圧

彼は、ライブドアの堀江氏、熊谷氏に会い「彼らはマーケットのことは何も知らない。外資の筋書き通りに動いているだけだ」と言った。ある学者は、村上ファンドの村上氏が逮捕されたとき、ニューヨークタイムズから「村上氏の逮捕はアメリカ流を否定するものか」とのインタビューを受けている。バブルが弾ける中、日本株の60%以上が外

資に渡った。このままでは郵便貯金をはじめ日本の金融資産の大半が投資信託などを通じて、外資の手に渡っていくだろう。

ライブドアや村上ファンド事件の裏では、「外資」はちゃっかりと大儲けしている。K氏は、欧米流の行動を繰り返す堀江氏に「日本ではやられるよ」と言って、ライブドア株を高値で売り抜けた。その後、ライブドアは破綻し、堀江氏は逮捕された。

⑥ 銀行の隣の大資産家A氏

　銀行の隣の資産家A氏とも親しくなった。資産運用の相談に乗るようになった。大資産家で、古くから銀行や証券会社との取引があったが、わたしを大変信頼されるようになった。

浅草で顔が広く、相続問題や資産運用で困っている資産家をたくさん紹介してもらった。浅草支店では10階建てのビルを新築していた。わたしは、新築の先頭に立っていた。極めて難しい地域で、顔の広いA氏には近隣対策で大変お世話になった。

A氏は「最後のしごとです」と言い、80歳後半に100坪の土地にこどもや孫のためにと、借金をしないで等価交換方式で念願のビルを建てて亡くなられた。亡くなられる数カ月前まで、大阪本社に勤めるわたしのところによく電話があった。浅草を離れて10数年「銀行は大変なようだが、元気にしているのかいつも心配している」と。大資産家A氏、地域に貢献され、素晴らしい「自己実現」をされた人として、いつまでも忘れることができない。

❼ 名古屋時代にお会いしたO氏

　「自己実現」を立派に果たした人として名古屋時代のO氏は印象に残る人だ。京都の貿易会社社長、会長の退職金のことで、名古屋市昭和区の閑静なご自宅に訪問したのがきっかけだ。長年、絹などの輸入業務に関係、年令は75歳である。さすがいろいろな知識があった（電話があり、わたしが不在のとき、支店長が飛んで行っても、取り合わなかったようだ）。

　最初、福井のお寺に仏像をつくって置きたいとの相談があり、東京の本店と取引のある大手非鉄金属会社を直接紹介、銀をインゴット（かたまり）で購入された。作家を二人で作家年鑑から探し、高価な貴金属を扱うため、親しくしていた大手デパートにわざわざ間にはいってもらった。相当なお金がかかったが、出来上がると大変喜ばれた。安らかに死を待ちたい気持ちと、子孫に永遠の財産を残すことが目的である。「ちょくちょく福井のお寺に行くのが楽しみです」と嬉しそうだ。

〇氏は岐阜に別荘を持っていた。当時、米ソ冷戦状態にあり、戦争が始まったら家族を避難させることが目的だ。

「ソ連からミサイルが飛んできても1時間かかる。その時間内で行けるところを探した」「地下室がシェルターとなっておりミネラル・ウォーターや保存食の賞味期限の管理が大変です。自分は年をとっているが、家族など一族を守っていくことが目的です」と言っていた。

経済や金融のことをよく聞かれた。ドルなど通貨は誰か特定の人が動かしている。長年貿易をやってきたのでそのように思っている。生きている間に解明したいといって、まとまったお金を10カ国ほどに通貨を分けて外貨預金をされた。当時「誰が動かしていると思うか」と何度も聞かれたが、各国の貿易収支で決まる程度の知識しかなかった。

今だったら、「アメリカ政府が窓口で、その背後にある国際金融財閥の意向がドルなど通貨に反映する。イギリスのロスチャイルド、アメリカのロックフェラー財閥など頂点にした投資会社やジョージ・ソロスなど政治に精通した資金運用グループなどユダヤ系グループ、ブッシュなどを中心とした石油メジャー、アメリカ政府を支援する多国籍軍ともいえる人たちの意向が、通貨に影響を与えるのではないか」と思う。

彼らはいろいろな書物によると、ケイマン諸島などタックスヘイブンにお金を置き、国家規模以上の資金を動かし、実力以上に相場が安いと思えばドンドン買っていくが、実力以上に高いと思えば売りに回る。変化があるところには、ビジネスがあるという発想だ。その系列の証券会社、投資会社は日本のマーケットでも大活躍をしている。

> O氏は、また「この本は大変な本です。自分ではなるほどと驚いている。読んでください」と1冊の本を頂いた。『エントロピーの法則』である。そのときは高度成長の時代であり、読んでもピンとこなかったが、バブルがはじけたときに再度読むと、O氏がいうように大変な本であることがわかった。

❽ エントロピーの法則と日本

『エントロピーの法則——地球の環境破壊を救う英知』（ジェレミー・リフキン著、竹内均訳、祥伝社1990年）。

経済分野におけるスピードが早くなっている。富が急増することも、一瞬にして消滅することもある。日本のマーケットは70％を海外勢が占めている。過去の経験で将来を判断するのは困難であり危険だ。

　経済優先の社会は限界にきている ▶ ２年後、３年後、明日のマーケットがどうなるかも予想できない。経済が高度化し、このようになった。これからどうしたらいいのであろうか。名古屋のＯ氏から頂いた『エントロピーの法則』からヒントを得た。

エントロピーの法則とは「熱力学の法則で宇宙における物質とエネルギーは一定である。物質が変化するのはその形だけで本質は変わらない。地球のどこかで何かが作られると、周辺環境にはいっそう大きな無秩序が生じる。人間のできることはエネルギーをある状態から別の状態に変えることでしかない」

　エントロピーの法則によると、物質やエネルギーが限られている地球では、ある国の経済が高度化する、とそれに伴う犠牲が増加していく。経済発展は一方では犠牲を伴う。アメリカ、中国、日本のように、高い生活水準を維持していくためには多くの犠牲を伴う。

温暖化による自然災害、ストレスによる病気、交通事故などに加えて、国が高コスト体質になる。ゴミ処理、インフラの維持、失業者対策、人件費などがふえる。エネルギーなどは中東、ロシアなど遠方から持ってくるため国家間の紛争の原因になっている。

▼

このような理由から、物質やエネルギーの浪費しない社会、低エントロピー社会への転換が必要になる▶自然の恵みを生かしたエネルギーを使わない簡素でシンプルなライフスタイル。この方が、心の豊かさをもたらしてくれる、低コストで維持できる社会だ。

　過去の歴史を振り返ってみると、このような生活を上手にやっていたのは日本である。日本人の精神について、物理学者アインシュタインは次のように言っている。

「近代日本の発達ほど世界を驚かせたものはない」
「この驚異的発達を可能にしたものは、他の国が決して持ちえない何ものかであるに違いない。この国の3000年の歴史がそれである。わたしはこのような尊い国が世界に一つぐらいなくてはならないと考えていた」

▼

「なぜならば世界の未来は果てしなく進み、その間、いくども戦争が繰り返されて、最後には戦いに疲れて衰弱してしまうからである。そのとき、人類は真の平和を求める。武力や財力によって立つものではない。世界の文化は東洋に始まり東洋に帰る。東洋の中でもその最高峰にある日本に立ち戻らねばならない」

「日本は自己の文化と伝統の中に、現在及び将来の人類に貢献できる原理を持っている。モノの豊かさではなく心の豊かさをつくり出す技術を開発して世界の人々のために奉仕していくことがこれからの日本人の役割、使命である」

20世紀モノつくりで成功した日本は、再度、原点に戻り「こころの豊かさ」をつくり出す技術をつくることが使命といえる。

実は、わたしは、この影響を大きく受けている▶シンクタンク時代、環境マネジメント（ISO14001 認証取得）約 50 社を支援した。プライベートでは、エコライフ▶「５S 式生活」、クルマもやめた（CO_2 削減）。自然を満喫している。本書で紹介のとおりである。

〈参考〉スイスのシンクタンク世界経済フォーラムは令和５年１月 11 日、世界のリーダーが結集するダボス会議で、「気候変動対策の失敗」、温暖化を世界の最大のリスクとした。世界各国が協調して、効果的な対策を施さなければ、自然災害など環境破壊が続くと警告した。

ロシアウクライナ侵攻▶令和４年２月 24 日、資源や食料品価格の急騰、世界を巻き込んでいる。

幸せは自分でつくる

人生100年、ハーフタイムがある、前半戦と後半戦だ。
「幸せの種」を蒔いて、後半戦、右肩上がりの人生に挑戦
しよう。

❶「幸せの種」をみつける

　銀行員のストレスは人並み以上だ。休みには、本を片手
にストレス解消と体力つくりのためによく歩いた。京都、四
条河原町から鴨川沿いに北山まで、東山のお寺から貴船、鞍
馬山まで、名古屋の山崎川周辺、鎌倉など湘南、逗子から
横須賀の海岸線、休日の大阪、御堂筋、東京、江戸通り、名
古屋、栄、好みのコースだ。

東京時代はクルマをやめた。海を見ながら海岸線をモクモク歩く
ことで、ストレスが解消するだけでなく、心が前向きになり、汗
をかいていると知恵が湧いてくるのだ。

しごとのこと、家族のこと、親のこと、生活のこと、資産のこと、健康のこと、将来のこと——これらが頭にスーッと浮かんでくるのだ。このようなところに「幸せの種」を蒔くことを考えるようになる。「幸せの種」とは、幸せにつながるそれぞれの「人生の目標」だ。まず目標を持つことで幸せ感が高まる。

いい種を早くから蒔かないと、大きな収穫は得られない。株や不動産でも体験ができる▶わたしはバブルで大きな収穫を得た▶「得意分野」を持つ、ノルマで苦しんだことはない。

本書のテーマ「人生戦略」Ⅰ〜Ⅴまで項目で紹介した通りだ。目標を持つことで、今何をするべきか明確になり、毎日が充実したものになる▶やがて、人生の後半が素晴らしいものになる。

② 幸せとは、豊かさとは

　メディアは、旅行、グルメ、趣味、「幸せ」の三大テーマのように扱っている▶わたしの経験では、幸せとは、自分自身でつくった目標（「自己実現」）に向かって精一杯頑張っているプロセス（過程）、と理解している▶そこからは、「感動」「感激」「成長」「達成感」などが得られるのだ。

運動したり、料理をつくったり、勉強したり、いずれも、やると、効果が現れ、自分を高め、楽しい。しごとは、刺激があり、もっと楽しい。社会から疎外されると老いに拍車をかける。

幸せとは、学歴がある、地位がある、お金がある、立派な家がある、競争社会に見られることでもない。わたしもある程度経験したが、これらは手に入れても、幸せ感に継続性がなく、効果が次第に薄れていくのだ。

目標は、自己中心的なものではなく、まわりの人、社会に役立つようなものが、幸せ状態を高めていく。

目標を達成すると「新しい目標」を立てる。どんな「小さな目標」でもいいと思う。こうして、心身ともに健康な状態を続けることで、「幸せ状態」が維持できる。幸せとは、「小さな幸せ」の積み重ねではないかと思う。

〈参考〉文章を書いたり、考えたり、企画書や提案書をまとめたり、早朝からすぐそばの森林公園でやっている。極めて気分がよく、いい発想が湧いてくる。毎週、休みは、早朝から仲間と有馬温泉へ、桜やモミジの季節は何ともいえない。まる30年続いている。新鮮野菜を分けて頂く農家さんをはじめ地元の人たちとも親しくしている▶家事労働も楽しい、料理、買物、掃除、洗濯、1日のリズムが生まれ気分転換にもなる、脳や身体にもよい。介護では両親が大変喜んでくれた。生きている限り続けたいと思っている。自分一人になっても困ることはない。いつまでも勉強できることは最高の幸せと思っている。

◎幸せのファクター

運動を習慣にする（健康的な生活）、「笑顔」、「幸せだから笑うのではなく、笑うから幸せなのだ」。「逆境」は成長のチャンス、「成長の糧」にする。「今」に全力投球する。

「日誌」には、「成果の見える化」「身のまわりの幸せさがし」、「ストレスを解消する効果」がある。「健康情報」も記録して、楽しみながら数値を改善させる。どんなことがあっても「日誌」に書き込むと、次に進むことができる。日誌は銀行支店長日誌から続けている。

〈参考〉国連、2022年世界幸福度ランキング5年連続トップ、フィンランド（世界149か国中日本は54位）。

フィンランドにはお金持はいない。平均月収39万円程度、街並みは地味、どこも同じような家が並んでいる。貧富の差がなく、暮らしが質素、休日、森に行くのが楽しみという。子育ては極めて楽、国から「赤ちゃんグッズ50点」とベッドが届く。学費はいらない。こどもが生まれると、「国の宝」として扱われる。「人間の幸せを第一に考える国」、男女差別、汚職は一切ないという。もちろん、将来の「不安」はない。日本は国の財政は極めて悪く、住宅、クルマ、子育てにはたくさんのお金がかかり、一生健康やお金の不安がつきまとう。こどもを持たない理由として、ヒヤリング調査では、「子育て教育にお金がかかりすぎる」を挙げている。

◎バブル時代に人生戦略を変える

バブル時代、給料、ボーナス、株の売却益、家賃、収入が多く、バブルで株や不動産の時価総額は大きく膨らんだ、サラリーマンの生涯収入（2億7000万円程度）を上回った。

時間に追われる毎日、帰りは最終電車かタクシー、通勤時間は長く、超満員、精神的には、まさしく下流社会、過労死や家庭崩壊を心配した。東京に異動になり、東京周辺に不動産をたくさん買ったが、自然と文化に恵まれた神戸から出てきて、わたしにとって、東京は住むところではないと思った。

報道では、盛んに「格差」ということばを使っている。人の豊かさを基軸にして考えると、「格差」ということばを使っている人がほんとうの豊かさをわかっていないように思う。

▼

わたしは「人生戦略」を変えた。幸せや豊かさは、今まで求めてきたこととは違う。「格差」とは、「経済的な格差」、人は、経済的価値観だけで生きているわけではない。「勝ち組」「負け組」「下流社会」の考え方も同様だ。「高学歴＝幸せ」ではない。多くの国民を不幸にすることばだと思う。よく勉強して、ほんとうの幸せや豊かさを求めて行動しようと決意したのだ。

2001年、著書『豊かに生きる』（実りある人生を送るために）早稲田出版を出版した。

〈参考〉人生100年、「教育」は「多様性のある社会」へ対応すること。世界の教育は「すべての人が心身ともに健康で幸福であること」を目的にしている。こどもの「個性」や「特性」にあった学びを提供することに力を入れている。日本の教育では相変わらず、こどもはこうあるべきだという「画一的な指導」を続けて、「個性」ということばが存在しないという。自分で「個性」を育てるしかない、本書では、方法を提案するようにした。

▼

◎豊かさとは

　言うまでもなく、お金やモノのようにかたちや金額で表
すものではない。しごとや生活を通じて、自然と出来上がっ
た「心の持ち方やその人の生き様」だと思う。

〈例〉東京、下町育ちに性格のいい魅力的な女性が多いのには驚
いた。彼女達から評価を受けて、しごとがやりやすかった。下町
の皆さんは人柄もよく、楽しかった。店の旅行の余興で行われた
男性人気投票で、若手を押さえて8票、1位になったことがある。
日頃、部下に厳しいことを言っているのに予想外だった。

　豊かさは、競争社会に見られるような成功や物質的達成
感でもない。このような達成感は、永遠に欲望を駆り立て
てきりがない。また、失ったときのショックは大きい。企

業や役員を退職した後、株の世界など、数多くの人が経験することだ。

日本、バブル崩壊、このショック状態から立ち直ることができない▶生活には、経済が大切だが、その本質は「生活者がより幸福になることが第一であり、経済はその手段だ」▶日本のきれいな自然や伝統、文化、従来からある資本を無視する政策の見直しが必要なのだ▶豊かな生活のためには、「水」「太陽」「緑」など「自然の恵み」を受け、自然と同様、人も大切にすることだ。わたしは、常に心掛けている。

お金やモノ、地位など他人と比べる地位財よりも非地位財とよばれる環境や心身ともに健康に恵まれている状態を目指す方が長続きする幸せを獲得できるといわれている。

◎現代人の豊かさは

　統計では、20代の3分の1、30代の4分の1の人が、朝食すら食べていないという。家族団欒の時間は、年々少なくなっている。少子化が心配される中、経済的に「勝ち組」地域といわれる東京都が出生率で一番悪い（47位1.15％、1位沖縄1.82％）、全国世帯の4分の1が貯蓄ゼロの世帯（二人以上の世帯の22％）になっている。米、スタンフォー

ド大学の研究では、「幸せな人ほど、貯蓄をしている（貯蓄が得意）」という研究成果がある。

◎成功者の苦悩

①京都時代のはなし

事業で大成功して京都の北・高級住宅が並ぶ地域に念願の大きな家を建てた社長のはなしだ（土地は、銀行の社宅跡地を紹介した）。新築祝いのパーティーには多くの人を招き、舞妓さんなどがもてなしをした。その後、社長に家の感想を聞くと「こどもや妻が昔の家の方がよかったという。大きすぎて住みにくい。昔は、四畳半でごろ寝状態であったが、コミュニケーションがあった。妻も掃除など管理が大変になり、泥棒も怖いと言っている。自分もそう思うようになった。大きな家を建てたのは失敗だったかもしれない」。

②大阪時代のはなし

ある成功した社長の話では、親孝行のためにと思って新しい場所に大きな家を建てたのだが、母親は毎日歩いて今まで住んでいた下町の長屋に行っている。最近、「ここはいやだ」と言って困っている。

③神戸時代のはなし

著名な経営者の自宅、3回泥棒に入られた。素晴らしい家として専門誌に紹介されたが、妻は別の小さなマンションに住んでいる。

図表34 豊かに生きるためのチェック

❶ 常に人と比較する	〈YES・NO〉	
❷ 常に他人の目を気にする（見栄をはる）	〈YES・NO〉	
❸ 自分さえよければよい	〈YES・NO〉	
❹ お金にこだわる	〈YES・NO〉	
❺ ストレスをアルコールで解消しようとする	〈YES・NO〉	
❻ クルマに乗ると、前のクルマを追い越すことだけを考える	〈YES・NO〉	
❼ 親や家族に関心がない	〈YES・NO〉	
❽ 自然には関心がない	〈YES・NO〉	
❾ 食事はほとんど自分でつくらない（外食である）	〈YES・NO〉	
❿ 朝日や夕日を見ても感動しない。見たこともない	〈YES・NO〉	

※すべて〈NO〉の人が「豊かに生きる」要素を持っている。

　人と比較するとストレスがたまるだけだ。豊かな気持ち
になれない。比較するのは、「今日の自分と明日の自分」だ。
格差論議はいろいろな価値観がある時代、内容や事情が違

う人をひとまとめにして経済的価値だけを比較するという乱暴なもの。人に不安と社会にストレスをためるだけのものだと思う。幸せになりたいなら人と比較しないことだ。

❸「究極の通貨」を増やす

　「あえて人と違うことをする」、相場の格言、「人の行く裏に道あり花の山」――幸せなのは、わたしは、このスタイルで、まる55年間、「お金の世界」～「ビジネスの世界」に身を置き、「有形の資産」を築くだけでなく、全国各地、いろいろな経験をさせて頂いて、人生が豊かになったことだ。この貴重な経験＝「無形資産」は、わたしの「究極の通貨」である。健康で長生きする秘訣は、この「究極の通貨」に寄り添い、それをフルに使い、あらゆることにチャレンジし、人生に感謝することだと思う。

お金やモノ（家やクルマなど）、「有形資産」は、ほどほどでいいと思う。「無形資産」という「究極の通貨」を増やしていく、それが「大きな幸せ」につながるのだ。▶「究極の通貨」を増やす方法は、人生にチャレンジして、「経験値」を増やし、「大人の学習」を続けることだ。いつまでも成長することだ。

幸せ、そのもの、幸せにつながる活動、自分にとって幸せな時間、知識や知恵、ノウハウ、人脈、貴重な経験、幅広く、わたしの「究極の通貨」としてとらえている。本書の内容の通りだ。

〈参考〉「流動性知能」と「結晶性知能」
前者は20代〜30代に増加し、40代〜50代に減少する。集中して努力し問題を解決する能力、逆に、年を取って得られるもう一つの知能が後者だ。40代〜50代にかけて増加し、60代、70代でも維持できる知能だ▶「知恵や知識の伝達」をいう。人は年齢を重ねるとともに賢くなる、その情報をどう使うかだ。最高の教師は年配者だ。人は若いころは、流動性知能を持ち、年を取ると結晶性知能を持つ。流動性から、結晶性へ、革新者から指導者へ移行、わたしがとりくんでいるプロセスである。

④ ほんとうの幸せとは

　日本では、メディアの影響で「幸せの目的」をまちがえ
ていると思う。

　国連の世界幸福度ランキング、日本は、直近54位と不本
意な評価である。幸せには2種類ある。「短期的な幸せ」と
「長期的な幸せ」だ。後者がほんとうの幸せなのだ。多くの
人は、前者を幸せと思っている。メディアの影響もあると
いう。

お金がある、豪邸に住む、旅行やグルメに行く、いい服を着る、
いい大学や有名な会社に入る。昇進・昇格する、わかりやすいが
幸福度は長続きしない。世界では幸せと評価されない。

心理学では"快楽順応"といっている。対して「長期的な幸せ」は、もっと奥底から感じる「自分の人生に対する満足感」▶「自己実現をする」「しごとで十分に能力を発揮する」「社会に貢献する」「生涯現役、天職を極める」このような夢や目標に向かっていくときに感じる「長期的な幸せ」、チャレンジするプロセスをいう。国連をはじめ、幸せに対する調査・研究は「長期的な幸せ」をベースにしている。本書で紹介している通りだと思う。

幸せとは、一般的に①お金がある、②パートナーや家族がいる、③「趣味」をしているときが頭に浮かぶが、これらは「外部環境」といい、幸福度を左右するのは10%程度といわれている▶90%は「内部環境」、自分の心の状態をいう。「どれだけ稼いだか」「どれだけいい生活ができているか」競争社会では重視するが「ほんとうの幸せ」ではないといわれている。

世界の「三大幸福論」ドイツ人ヒルティ、フランス人アラン、イギリス人ラッセル、いずれも「しごとからやりがい、生きがいが生まれる」、財産、名誉、地位は、人を幸せには、してくれない。自分の心次第「幸せは自分でつくる」もの、幸せになろうと思わなければ幸せになれない、と。

不幸を生み出す「源泉」は、「悲観主義」「過度な競争」「世間の評価」「間違った固定観念」などを上げている。これらを繰り返し報道する日本のテレビが人を不幸にする原因という「幸福の専門家」が多い。

日本は自然や歴史に恵まれた素晴らし国、人も優しく、街並みもきれい、メディアが国民を不幸にしている。ニュースの大半はノイズ（雑音＝価値がない）。日本に対する海外知識人（スイス人の著名な作家など）からの一致した声でもある。2022 年 10 月交通公社調べ、世界の人が行きたいところ 1 位日本 37％、2 位アメリカ 33％、3 位オーストラリア 28％、自然鑑賞など野外が魅力。

　ニューヨーク大学に行き、研修を受けたとき、海外から日本を見る佐藤教授（経済学）は日本の「悲観主義」を大変心配されていた。

❺ 医学的に幸せになる方法

　医学的に幸せな状態とは、幸せの 3 つの脳内物質①「セロトニン」、②「オキシトシン」、③「ドーバミン」が分泌されている状態である。「セロトニン」▶「オキシトシン」▶「ドーバミン」の順序が大切という。専門家によると日本人の多くの人が想像する幸せは、「ドーバミン的幸せ」だという。「ドーバミン」の持続時間は短く、たとえ大金が入っても、その幸せは数カ月しか続かないという。

アメリカで「宝くじ」に当たった人のその後を追跡調査したところ、最終的には、例外なく不幸になっているという。

金銭欲や物欲は限りなく膨れ上がり、稼いでも、稼いでも、満たされなくなる。一定の収入を超えると幸福度が下がるのは、しごとのプレッシャー、健康が害される、忙しすぎると人間関係もくずれる。敵が多くなる。嫉みをかう、副作用が多いのだ。

①セロトニン

心身ともに健康な状態、気分がいい、朝の散歩、あさひを浴びる、森林浴、温泉に入る、こころがいつも安定していて、ピンチにも耐えられる。ウォーキングでもセロトニンが獲得できる。集中出来る場所も幸せ感を高める。

わたしは、若い銀行時代から自然と身についている。

②オキシトシン

「人のつながりがもたらす幸せ」をいう、人間関係、よければ、しごとの成功が加速する。セロトニンとドーバミンの「要」▶わたしは、オキシトシンをビジネス化して、ブレーンリンクという名称で、絆、人脈、ネットワークを活かした活動を続けている。

「オキシトシンを簡単に出す方法」は、「過去のよかったこと」「思い出」に寄り添うことだ。リストをつくってお世話になっている。「感謝の気持ち」、「幸せな気持ち」になれる。

③ドーパミン

「成功の幸せ」という。ドーパミンは「脳」を興奮させるので「高揚感」を伴う。「やったと喜ぶ」達成感が「ドーパミン的幸せ」だ。「儲ける」「欲しいものを手に入れる」「昇進・昇格」など「仕事の成功」や「地位・名誉」もあてはまる。酒を飲む、薬物、ギャンブル、買物、ゲーム、「簡単にドーパミンを出す方法」があるが、ドーパミンは「依存症の物質」である。「快楽」で「ドーパミン的幸せ」を得ようとすると「依存症」になる。タバコ、アルコール、麻薬などがその例だ。

> 「ドーパミンの正しい出し方」▶「快楽」はダメ、副作用が大きい、タバコもアルコールもやめた。「目標管理で出す方法」が一番いいと思う。わたしは体制が出来上がっている▶いろいろな「人生目標」や「健康目標」をつくり、挑戦して、楽しくやっている。

❻「最高善」を獲得する

◎お金があると幸せになれるのか

「富」は求めすぎると大切なものを見失ってしまう。多くの人は「快楽・名誉・富」を「幸せの源泉」と思い込み、ひたすら追い求めている。しかし、これらは手に入れても、ほんとうに心が満たされ、幸せになれるかどうか疑わしいのだ▶アリストテレスの言葉を借りると、「快楽・名誉・富」

179

は「仮象の善」にすぎず、「善そのもの」節制・正義・自由・真理などソクラテスがいう「魂自身の飾り」を犠牲にしてまで求める価値のものではない。

「快楽」には持続性がない、ひとたび手に入れると、限りなく求め続けることになる、しかも同レベルの快楽では、すぐに飽きてしまう。タバコ、麻薬、アルコールなどその例だ。中毒状態になる。

名誉も他人が認めるものであり、ほんとうの幸せとは言えない。目指す「究極的な目標」ではない。富は確かに何かに役立つ。しかし、富が十分あってもそれだけのこと、幸せを保証するものではない。快楽や富を求めることに重きを置きすぎると大切なものを失う。なぜならば、「善そのもの」を犠牲にすれば、その代償の方が、はるかに大きいからだ。

「快楽」や「名誉」、「富」でも心が満たされないのなら、何を求めるべきだろうか、これが最終目的だ。アリストテレスはこの最終目的を「最高善」と呼んでいる。
「最高善」、自分の個性を発揮できる活動でなければならない。打ち込めるもの、熱中できるものだ。何々をするために、何々になりたい、これが目標になる。「天職」も含まれる。

銀行という、いろいろな制約がある中で、ときには「苦行」を重ね、ある程度「さとり」を開くことができたと思っている▶人のため、社会のためのしごとができるようになった。少しは、ブッダ（悟りを開いた人）に近づいたと思う。

「最高善」を獲得したとき、心から満たされる。自分の個性が発揮できる活動を見つけた人は、次から次へ「新しい挑戦」ができ、人生が色あせることがない。挑戦に次ぐ挑戦で常に新しい自分を発見することができるのだ。

　わたしも、近づいてきたと思う▶自分の才能や能力、可能性をフル回転して、「自己実現」している人は、自分の資質を十分発揮する最大限のことをしているが、それこそが「最高善」だ▶逆に、潜在的能力があるのに、眠らされたままにしている人は「最高善」に到達していない。

Chapter

人それぞれ持ち味がある。「潜在的能力」を開花させ、「最高善」を手にしたとき、はじめて心が満たされる。わたしの場合、実績からほぼ「最高善」を獲得したと思っている。

❼ 幸せなお金持ち──贅沢は敵

　貴重な経験がある。40年前、名古屋支店時代をご紹介したい。<u>お金持ちになる基本、まず、幸せになること、「贅沢は敵」が理解できるようになる。</u>しごとで、ある経営者のご自宅に行ったところ、お留守だったので、家の前で待っていると、麦わら帽子をかぶった上品なご婦人が汗をかきながら、自転車で買い物から帰ってこられた。「クルマは利用されないのですか」お聞きすると、「社員に厳しいことを言っているのに、そのような贅沢（ぜいたく）はできません。お店は自転車で15分程度ですから。クルマは使いません」ということばが返ってきた。世界的な自動車会社のオーナー一族のはなしだ。後日、「乗せていって」といわれ、銀行の軽自動車で市場までお送りした。

　お金持ちは、「贅沢」な暮らしをしていると想像する人は、ほんとうの「お金の世界」を知らない人、「ほんとうのお金持ち」は、普通の人よりむしろ堅実、謙虚、礼儀正しく、玄関、部屋に入ると、きれいに整理されている。このご婦人も、紳士録で調べると、スーパーゼネコンの創業家一族である。小さいときから心が満たされているからだと思う。

◎名古屋企業の強さ「預金好き」

　名古屋時代の経験を大切にしている、名古屋にはトヨタをはじめ、無借金の優良企業が多い。名古屋企業の「無借金経営」と「減量経営」には、随分と戸惑った。いくら「お金を借りてください」といっても、借りてくれない。借金がある企業から、「減量経営をしているのでお金を返したい」といわれる有様だ。名古屋の人の預金好きは群を抜いていた。

　トヨタの５Ｓ活動やカンバン方式は「お金を貯める習慣」から生まれたと思う。

　３年間、名古屋支店では、東海地区、トヨタグループの新規開拓に取り組んだ。５Ｓ活動▶整理・整頓・清掃・清潔・躾、社員全員でとりくむ。カンバン方式▶在庫を持たない生産方式。
〈参考〉
お金を貯める習慣のない人には、いざというとき、銀行はお金を貸さない。フジテレビの「フジ銀行芸能人貸付係」という番組に出演したことがある。いざというとき芸能人がいくら借金できるかを審査する番組の審査員だ。「収入が多くて、テレビでいくら顔が売れていても、お金を貯める習慣のない人には、銀行は、いざというとき、お金は貸さない」が審査のポイントである。

◎お金持ち、必ずしも収入が多い人ではない

　経験からいうと、「お金持ち」とは、「お金を貯める習慣」

がついた人のことで、収入が多い人ではない（P82を参照）。むしろ、税金を払わないように収入を工夫している人が多い。

> この習慣のない人はいくら大金が入ってもお金が通過するだけだ。大金が入ったことにより、家族全員の生活がふくらみ、収入が減ると取り返しがつかない（よくあるパターン）。「幸せなお金持ち」は早くから、こどもに、「お金の大切さ」や「お金を貯める習慣」を「金銭教育」として教えている。まわりから反感を買わないようによく教育されている。

❽ バートランド・ラッセルの『幸福論』に感謝する

戦後の日本、親は、貧乏でも、一生懸命こどもを育て、躾（しつけ）もしっかりしていた。こどもはそれに答えた。生活が苦しくても、明るく誠実に生きる人が多かった。モノと同様、人も大切にしたのだ。

◎不幸せなお金持ち

銀行で経験したお金持ちの相続では、必ずといっていいほど、兄弟間の「相続争い」が発生した。「貸金庫の中味を見せてほしい」「預金はいくらあるのか」中味は教えないが、銀行にも、いろいろな人がやってくる。長年、相続問題で、双方に弁護士をつけ兄弟間で争っている人もいる。

お金を増やそう、増やそうとばかり考えている、お金のストーカーのようなお金持ちを、わたしは「不幸せなお金持ち」と表現している。実は、このタイプのお金持ちが多いのだ。「足るを知る」を知らない人だ。

《お金だけで社会を見る傾向》
幸せと感じるときは、人それぞれだと思う。多くの人は、「経済優先の社会」は卒業しているのだ。卒業できないのが、政治家、官僚、マスコミのみなさんだ。相変わらず、お金だけで社会を見る傾向がある。

◎「幸せなお金持ち」を目指して

本書で何度か引用したが、わたしが「人生戦略」で参考にしているのが、東京のバブル時代に読んだバートランド・ラッセルの『幸福論』（安藤貞雄訳、岩波書店）だ。浅草の資産家から貰ったものだ。わたしの行動は、これをベースにしている。少し紹介したいと思う。

◎バートランド・ラッセルの『幸福論』

①人が不幸になる原因

ラッセルは『幸福論』の中で、人が不幸になる原因は、「不安をたたき込む教育」「世間の情報」「古い固定観念」「行

き過ぎた競争」にあるといっている。目の輝きのない、不安そうな若者をよく見かける。「重い荷物」（間違った固定観念や先入観）は捨てよう。

受験で失敗した人、出世レースで負けた人、勤める会社が倒産した人、その後、成功した人にはたくさんお会いした。「成功した人は何度も失敗している」この方がわかりやすいかもしれない。

②人に「幸せ」をもたらすもの

　ラッセルは、人は昔から教えられた理性と現実との違いに罪悪感を持つ弱いところがある。この欠点に目をつぶるようにして、関心をいろいろな分野の知識習得に向けるようにすると、「新たな活動」が生み出されるようになる。日々、生活習慣でこの訓練をすることが、幸せになる唯一の道であるといっている。そして、幸せをもたらすものとして、次の5つを挙げている。わたしは、5項目すべて、特に5.「いろいろな分野に興味をもつこと」に力を入れている。

1.「人生に対する熱意」
2.「よき仕事」
3.「よき家族」
4.「人に対する愛情」
5.「いろいろな分野に興味をもつこと」

③しごとについて

　偉大な創造的なしごとから得られる満足は人生が与える最大の満足の一つである。しごとは一日の多くの時間を満たしてくれる。お金持ちは、しごとをしなくてもいいかわりに退屈に苦しんでいる。世界一周などして気晴らしをしているが、いつも行くわけにはいかない。まるで貧乏な人のようにあくせくしている人もいる。しごとをしていれば、休日はずっと楽しいものになる。しごとがおもしろい場合は、退屈しのぎよりはるかに大きな満足を与えてくれる。しごとをおもしろくするためには、「知恵や技術を高めて、しごとを創造的なもの」に組み立てることである。

> 偉大な創造的なしごとから得られる満足は、人生が与える最大の満足である▶幸せな人とは、人のためになるしごとを一生できる人である。まわりにあるいろいろなものに関心を持ちながら、創る喜びが人生を豊かにすると——

④お金について

　「お金はある一点まで、幸せをいやす上で大いに役立つ。一点を超えると幸せをいやすものではない。成功も幸せの一つの要素であるが、その成功を得るために、他の要素を犠牲にしたとすればあまりにも高い犠牲を払ったことになる。お金から得たいと思うのは、自分の人生の目的を達成するために必要な安心感である」といっている。

　まだ道半ばであるが、バートランド・ラッセルの「幸福
論」を実践してきた。ここまでやってこられたのは、ラッ
セルのお陰だと感謝している。

《バートランド・ラッセル1872〜1970年》
イギリス貴族、哲学者、数学者、社会批評家、平和活動家、97
歳で亡くなる。ケンブリッジ大学教授、ノーベル文学賞受賞、ア
インシュタインと核廃絶の「ラッセル＝アインシュタイン宣言」
を発表、祖父は、イギリスの首相を2回務める。平和運動により
牢獄や結婚4回（最後は80歳）の経験がある。『幸福論』は世
界的な名著。

おわりに

　今、世界はものすごいスピードで変わっている。自分では「価値がない」と思っている知識や経験に実は大きな価値がある。温故知新（ふるきをたずねて新しきを知る）、不安な時代、ほんとうの現場情報を欲しい人が一杯いる。しごとを通じて、実感している。しごとも好きでやっている。面白いのだ。

　スマホがあれば、事務所もスタッフもいらない。経験と知恵、人脈、熱意と健康があれば十分だ。都市銀行からスタートして、マルチステージへ、まる55年、全国各地、お世話になった皆さんに感謝の気持ちで一杯だ。「現場」で頂いたいわば「究極の通貨」（貴重な経験）を次世代にお渡しする。わたしのライフワークだ。

◎本書は実践書として仕上げた

　マルチステージの人生という広い、５つの人生戦略という大きな、人生100年時代という長い、本書の骨格である。いずれも積み重ねた経験に裏打ちされたものだ。人生で大事なことを処方箋（しょほうせん）や実例を加えて、実践書として仕上げた。

　バートランド・ラッセルが『幸福論』で言うように、彼のことばをわたしが実践して確かめたものばかりだ。本書

をよく読んで行動されると誰でも幸せが獲得できると思う。幸せはすぐそばにある。手の届くところにあるのだ。

◎「不幸のスパイラル」から抜け出す

　訪問したニューヨーク大学の佐藤教授（経済学）は、日本の悲観主義を大変心配されていた。メディアに登場する人をはじめ現場感覚の乏しい人からは具体的な対策（処方箋）や本当の喜びは生まれない。ほんとうのことはわからないと思う。

　このままでは日本は沈没する。すでに沈没がはじまっている。すぐに行動を起こし「不幸のスパイラル」から抜け出すしか方法はない。身のまわりの小さいことからはじめる大きな人生戦略は本書でおわかり頂いたと思う。

◎人生後半戦が面白い、終わりよければすべてよし

　教育や大企業の「現場」では、「個性」がつぶされてきた。日本の弱さはここにある。本来の人間の姿を取り戻そう。「やりたいことをやる」人生にはハーフタイムがある。

　後半戦が面白い。人生に挑戦する。人生を謳歌する。「終わりよければすべてよし」、本書を「たたき台」として、読者のご奮闘を心からお祈り申し上げる。

2023年5月　　　吉野　誠

【著者プロフィール】

吉野 誠（よしの まこと）
ブレーンリンク代表

1946年生まれ、京都育ち、同志社高校卒、大学は神戸へ、神戸商科大学卒、都市銀行に入る。支店長を経て、銀行系大手不動産会社営業部長2年、総合研究所コンサルティング部長8年。阪神大震災や2回の銀行合併、国有化、早期退職を経験する。

> 大学時代、大阪・難波、吉本興業が経営する洋酒喫茶（和田アキ子さんやグループサウンズの生演奏）に勤める。銀行時代、東京・大阪・名古屋・京都・神戸、各地区で法人開拓や資産家との取引で活躍する。東京時代、バブルに会い、活動がNHK番組「金融最前線」で紹介される。支店長時代、しごとと介護を両立させた。「4期連続頭取賞」「関西で帰りが一番早い支店」として行内誌で紹介される。シンクタンク（総合研究所）時代、各支店長から頂いた大型コンサル案件は200社を超えた。

〈退職後約20年〉
2001年ニューヨーク大学、スタンフォード大学、シリコンバレー企業に研修訪問。全国の講演、神戸商科大学、神戸大学、兵庫県立大学非常勤講師。①大手金融会社大阪本社営業推進役②大手弁当会社（上場企業）監査室長③業界大手食品会社社長室長。企業顧問実績は現在33社（業種は多岐にわたる）。
①大手金融会社は、昨年、プロ野球で優勝した。

> 〈その他〉
> フジテレビ「フジ銀行芸能人貸付係」審査員、雑誌ビッグトゥモロー連載「マネー脳強化道場」、個人（富裕層）顧問多数。退職後、マルチステージ、「黄金の15年」を経験する。

〈著書〉
①2003年「豊かに生きる」（早稲田出版）、②2005年「お金のプロ！銀行支店長が教える資産2億円の方程式」（実業之日本社）、③2013年「マイナスをプラスに変える倍返し資産運用ライフ」（セルバ出版・三省堂）

マルチステージを謳歌する
100年時代の人生戦略
〜銀行員から55年の実践録〜

2023年5月31日　第1刷発行

著　者　　吉野誠
発行人　　久保田貴幸

発行元　　株式会社 幻冬舎メディアコンサルティング
　　　　　〒151-0051　東京都渋谷区千駄ヶ谷4-9-7
　　　　　電話　03-5411-6440（編集）

発売元　　株式会社 幻冬舎
　　　　　〒151-0051　東京都渋谷区千駄ヶ谷4-9-7
　　　　　電話　03-5411-6222（営業）

印刷・製本　中央精版印刷株式会社
装　丁　　野口萌

検印廃止
©MAKOTO YOSHINO, GENTOSHA MEDIA CONSULTING 2023
Printed in Japan
ISBN 978-4-344-94508-1 C0095
幻冬舎メディアコンサルティングＨＰ
https://www.gentosha-mc.com/